DISTEL
VERLAG

Daniela Dahn / Dieter Lattmann /
Norman Paech / Eckart Spoo (Hg.)

Eigentum verpflichtet

Die Erfurter Erklärung

Distel Verlag

DISTEL HEFTE · Beiträge zur politischen Bildung · Band 37
Herausgegeben von Uli Dieterich und Marion von Hagen

© 1997 by DISTEL VERLAG,
Sonnengasse 11, 74072 Heilbronn.
Alle Rechte vorbehalten.
Druck und Bindung: Fritz Steinmeier, Nördlingen.
Umschlagentwurf: Jürgen Knauer, Heilbronn.
ISBN 3-929348-21-7

Inhalt

Dieter Lattmann

»Die Erfurter Erklärung trifft offenbar den Nerv«
Woher, warum und wohin?

Als die Erfurter Erklärung am 9. Januar 1997 auf der Bundespresse-
konferenz in Berlin und gleichzeitig auf der Landespressekonferenz in
Erfurt vorgestellt wurde, reagierten die Medien überrascht, daß es so
etwas überhaupt noch gibt: Schriftsteller und Gewerkschafter, Wissenschaftler und Kirchenleute tun sich zusammen, um eine neue Politik der Verantwortung für die soziale Demokratie einzufordern: »Die
regierende Politik in unserem formal vereinten Land ist in einen Zustand von gnadenloser Ungerechtigkeit, Sozialverschleiß und fehlenden Perspektiven versunken [...] Die Erfahrung von 1968 und der
Geist von 1989 sind für 1998 aufgerufen, den Machtwechsel herbeizuführen.« Das erinnerte an das Ende der Ära Adenauer, als Autoren
der »Gruppe 47« in dem von Martin Walser herausgegebenen Ta-
schenbuch »Alternative« eine andere Regierung proklamierten.

Nun widmete die »Süddeutsche Zeitung« am 15. Januar 1997 der
Erfurter Erklärung eine ganze Seite, interviewte Walter Jens unter der
Überschrift »Jesus Christus ist auch für Kommunisten gestorben«
und berichtete: »Scharfe Kritik aus dem Westen, viel Zustimmung aus
den neuen Ländern. Die Erfurter Erklärung trifft offenbar den Nerv.«
In der Tat zeigt sich schon hier ein Konfliktfeld zwischen den An-
hängern der Erfurter Erklärung und den in Bonn am Rhein Regierenden: Die einen sehen die Einheit als einen wechselseitigen Prozeß
der Gleichberechtigung, die anderen wollen nur zu hundert Prozent
westdeutsche Bedingungen gelten lassen.

Daß die Urheber und Erstunterzeichner nicht als Querulanten ab-
getan werden konnten, bewiesen ihre Namen. Inzwischen hat sich in
der vergrößerten Republik manch Tal der Ahnungslosen in Sachen
Erfurter Erklärung aufgetan. Wieviel mit ihr seit dem stürmischen
Auftakt landauf und landab geschieht und sich fortsetzt, wird mit der
größten Koalition des Verschweigens quittiert. Vorbei die Zeit, als
Bundeskanzler Kohl ihr den Titel »Alarmsignal« verlieh. Unsere Pres-

seinformation zum Beispiel, daß Egon Bahr die Erklärung unterschrieben hatte, war im März vielen Redaktionen keine Erwähnung wert. Zur Ermutigung gab und gibt es Ausnahmen, die diesen publizistischen Vorhang lüften.

Im ganzen bleibt die Resonanz bei den Regierenden mit jener abschüssigen Schärfe geladen, durch die der Bonner Konservatismus kritische Geister seit jeher brandmarken wollte. »Schamloser Aufruf!«, ließ sich CDU-Generalsekretär Hintze faxwendend vernehmen. Der Kanzler räsonierte vor seiner Fraktion: Grass, Jens, Schorlemmer seien »intellektuelle Anstifter«, wir alle seien »Haßprediger«, die sich »auf der Straße des Verrats zusammenrotten«. Kein eindrucksvoller Sprecher der größten Oppositionspartei – mit Ausnahme von Egon Bahr (siehe unten, S. 170) – hielt dagegen. Statt dessen kamen neue Unterschriften wie die von Regine Hildebrandt, der brandenburgischen Sozialministerin, und Margret Mönig-Raane, Bundesvorsitzende der Gewerkschaft Handel, Banken und Versicherungen, von Klaus Grehn, Vorsitzender des Arbeitslosenverbandes Deutschlands, der Initiative Kirche von unten, vieler weiterer Vereinigungen sowie Hunderter Schriftsteller, Journalisten, Politiker, Künstler, Wissenschaftler, Kirchenleute, Gewerkschafter und vieler Tausender kritischer Bürgerinnen und Bürger. Bis zum Juli 1997 gründeten sich über 220 Initiativgruppen überall im Land – in Ost und West.

Gewiß spiegeln Zeitungen meist auch die Interessen ihrer Eigentümer und Bildschirme die politischen Machtverhältnisse wider. Die vereinigten Obrigkeiten schätzen die Erfurter Erklärung und deren Autoren nun einmal nicht. Um so deutlicher liegt sie im Daseinsinteresse unzähliger Bürgerinnen und Bürger. Dem inhaltlich verwandten gemeinsamen Wort der beiden großen Kirchen »Für eine Zukunft in Solidarität und Gerechtigkeit« ergeht es kaum anders. Beide wandern in immer neuen Gruppen von Hand zu Hand und ermutigen viele, die schon verstummt waren, zur Mitarbeit für die soziale Erneuerung.

Neu war an der Erfurter Erklärung vor allem die Sprache. So unerschrocken hatte lange keine Wortmeldung argumentiert. Im Gegenteil, ausgiebig hatten Verfechter des »Historikerstreits« und des »Literaturstreits« sich umgetan: Wo bleiben die kritischen Geister? Der Vorwurf ging um, »die Linke« habe nach vielen Unwägbarkeiten gegenüber der DDR nichts mehr auszurichten. So stand die veröffentlichte Meinung wieder einmal zu viel öffentlich Gemeintem in Widerspruch. Überall gab es einzelne und Gruppen, die darauf warteten, außerparlamentarische Stimmen möchten den Bann brechen und zu einer neuen Sammelbewegung gesellschaftlicher Kräfte aufrufen.

Rings um das erste Adventwochenende 1996 trafen einander in Erfurt nachdenkliche Leute, die vom Verstummen nichts hielten. Sie wurden zur Kerngruppe der Erfurter Initiatoren, übrigens waren sie zumeist Sozialdemokraten. Danach brauchte es noch sechs Wochen, bis aus Entwürfen Konsens entstand. Bürgerrechtler aus dem Osten fanden sich in dieser Arbeit mit westerfahrenen Oppositionellen zusammen. Dazu hätte es schon 1989 kommen müssen. Nun hörten wir einander zu und haben viel voneinander gelernt.

Was nach der Veröffentlichung für die Initiatorinnen und Urheber folgte, war aufs erste eine Über-Erwartung an unsere Kräfte. Eine Lawine rollte an. Wir hatten das so nicht zu hoffen gewagt und wurden nun überrannt. Schließlich hatten wir alle Berufe. Wir waren keine politischen Freigänger. Ohne daß schon dazu aufgerufen war, gab es Tausende von Unterschriften, erste Spenden, viele freiwillig Helfende. Unter dem Dach des Kulturvereins Mauernbrechen in Erfurt wurde ein Büro gegründet. Nie gab es eine Abhängigkeit von einer Partei, alle trugen ihre eigenen Kosten.

Daß die sieben Punkte unserer Forderungen vor allem im Westen auf Punkt 6, nämlich die Vorschläge an die drei Oppositionsparteien verkürzt wurden, war die Routine-Taktik derer, die nicht differenzieren wollten. Wir hatten das erwartet und darum im voraus erklärt: »Wir brauchen eine Regierung, die ohne inneres Feindbild regiert.« Eine Regierung dazu, »die das Volk nicht als Gegner betrachtet, dessen Widerspruch es zu brechen gilt«.

In der Erfurter Kaufmannskirche fand noch im Januar das Evangelische Forum zur Erfurter Erklärung statt. Sie war brechend voll, und viele empfanden, es war wieder wie damals, als sie gerufen hatten: »Wir sind das Volk!« Nach drei Monaten wurde das in einem westdeutschen Kirchenraum, dem Gemeindehaus der Münchner Kreuzkirche, fortgesetzt. Auch dort war kein Platz mehr frei, und von Hunderten verteilter Erfurter Erklärungen blieb nicht eine liegen – alle wurden mitgenommen, viele weitergegeben.

Immer deutlicher stellt sich heraus: Die Regierenden im vereinten Land operieren mit zwei generalisierenden Begriffen gegen die vom Grundgesetz verfügte Sozialpflicht des Eigentums. Das Wort vom »Standort Deutschland« und die »Globalisierung« sollen die Auseinandersetzung um gerechte Verteilung der Güter und des Lebensnotwendigen im Keim ersticken. Dem setzt die Erfurter Erklärung entgegen: »Statt die ›Zwänge‹ der deregulierten Güter- und Kapitalmärkte als Schicksal hinzunehmen, brauchen wir eine Regierung, die handelt. Sie muß in der Europäischen Union, der Welthandelsorganisation und der Weltbank für sozialökologische und demokratische Rahmenbedingungen eintreten.«

Die Regierenden müssen ihren sozialromantischen Standpunkt aufgeben, der auf der Legende vom Edelmut beruht. Solange sie behaupten, sie müßten nur die Großvermögenden weiter entlasten, dann würden neue Arbeitsplätze geschaffen, ist nichts getan. Sie müssen sich der Drohung stellen, daß diejenigen ihr Geld auswandern lassen, die am meisten für die res publica tun könnten. Die »global players« sind nicht wurzellos. Sie können in einem Gemeinwesen, das sie mitverantworten, nicht alles tun, was ihnen paßt.

Weltweites Wirtschaften befreit nicht von der Sozialpflicht im eigenen Land. Die Regierungen der Industrieländer gemeinsam müssen die Handlungsmacht gegenüber globaler Willkür wiedergewinnen. Dafür gibt es Vorschläge. Und in keinem Land sind sie von der Bevölkerung ermächtigt, vor interkontinentalen Finanzkräften abzudanken.

Es ist viel, was die Erfurter Erklärung in Bewegung gebracht hat. Es kann weitergehen, wenn Unzählige sich sagen: »Grundlegendes muß sich verändern. Und viele fragen sich: Wer soll das tun, wenn nicht wir, und wann, wenn nicht jetzt? Wir brauchen ein Bündnis für soziale Demokratie. Lassen wir uns an der Schwelle zum neuen Jahrtausend den Wert von Visionen nicht ausreden, und beginnen wir zu handeln.«

Zu diesem Vorsatz der Erfurter Initiative liefert das vorliegende Buch eine Fortsetzung der Diskussion. Als wir im Dezember 1996 in wochenlanger Arbeit unseren Aufruf formulierten, schlugen einige von uns vor, die Themen von vornherein um dringende Probleme und Zielsetzungen zu erweitern: Menschenrechte, Bildung, Umwelt, Gewaltfreiheit statt Rüstungswahn, wider Angriffe auf die Rechte der Frauen. Ein gut Teil dieser Vorhaben ergänzen AutorInnen und Herausgeber hier.

Heino Falcke

Einführung in die Erfurter Erklärung

Als Erfurter beobachte ich, wie die Hauptstadt Thüringens, nach der die Erfurter Erklärung heißt, seit 1990 mit jedem Monat schöner wird. Die Restaurierung der Altstädte, die Sanierung der Infrastruktur, die Vielfalt der neuen Freiheiten zeigen uns Ostdeutschen: Wir leben in einem reichen Land mit leistungsfähiger Wirtschaft.

Um so mehr schreckt auf, was vielen blüht hinter dem, was da aufblüht. Am meisten schockiert die Erfahrung: Die Marktwirtschaft entläßt ihre Kinder, und die hatten gerade den Realsozialismus »entlassen«. 16 bis 20 Prozent sind als Arbeitslose registriert, 75 Prozent der Langzeitarbeitslosen sind Frauen. Die Kluft zwischen Gewinnern und Verlierern wächst, die Lebenswelten driften auseinander. Die Politik der Privatisierung brachte das ostdeutsche Industrievermögen zu 94 Prozent in westliche Hände, nur sechs Prozent in ostdeutsche. Das gefährdet die Demokratie, denn Arbeit und breit gestreutes Kapital sind die wirtschaftlichen Grundlagen der Beteiligungsdemokratie. Sich aber aus dem sozialen Netz zur aktiven politischen Beteiligung aufzuraffen, ist schwer. Eine fatalistische Erwartungslosigkeit gegenüber der Politik breitet sich aus. Nur 18 Prozent halten ihren Einfluß auf den Staat jetzt für größer als in der DDR. 13 Prozent sehen es sogar umgekehrt, und fast die Hälfte kann keinen Unterschied mehr erkennen.[1]

Aber ich will kein ostdeutsches Lamento anstimmen, eher ein gesamtdeutsches Memento an das Grundproblem, das Ost- wie Westdeutsche betrifft. Die Bundesrepublik empfahl sich uns Ostdeutschen als die politisch-wirtschaftliche Ordnung, die eine freie, starke Wirtschaft in den politischen Rahmen sozialstaatlicher Verpflichtung einbindet. Im Vereinigungsprozeß aber erlebten wir so ziemlich das Gegenteil. Die ostdeutsche Seite hatte im Frühjahr 1990 nachdrücklich eine Strukturanpassungsphase für den Übergang zur internationalen

---

1 Wolfgang Thierse, nach Frankfurter Rundschau vom 11.2.1997.

Konkurrenzfähigkeit der ostdeutschen Wirtschaft gefordert. Die westdeutsche Seite aber wandte sich scharf gegen eine ostdeutsche Wirtschaftsreform durch Struktur- oder Industriepolitik: Der wirtschaftliche Erfolg der deutschen Integration hänge daran, daß die Anpassung im wesentlichen dem Markt überlassen bleibe.[2]

So haben wir im Osten die Erfahrung im Extrem voraus, die jetzt immer stärker gesamtdeutsche Politik bestimmt: was es bedeutet, wenn Politik ihre Handlungsfähigkeit in der Wirtschaft verliert oder bewußt weggibt, wenn nicht mehr die Politik der Wirtschaft, sondern die Wirtschaft der Politik den Rahmen ihrer Handlungsmöglichkeiten und Entscheidungsspielräume vorgibt.

Dieses Grundproblem wird in der Erfurter Erklärung thematisiert. Es ist in letzter Zeit von vielen Seiten beschrieben worden: Die Großindustrie modernisiert Arbeitsplätze weg, erzeugt damit Siegesmeldungen an der Börse, die Massenarbeitslosigkeit aber belastet die öffentlichen Haushalte und das Sozialsystem. Internationalisierte Finanzmärkte organisieren die Steuerflucht, zugleich muß der Staat Kapitalinvestitionen durch Steuervergünstigungen und Subventionen anlocken. Der Staat verwaltet den Mangel und begünstigt zugleich die großen Vermögen. Es kommt zur skandalös ungerechten Verteilung der Lasten, zur Umverteilung von unten nach oben.

Wir hatten im Osten einen Staat, der sich zum Herrn einer Kommandowirtschaft machte – mit den bekannten Folgen. Aber – wie Erhard Eppler kürzlich sagte – das Gegenteil des Falschen ist noch nicht das Richtige, nämlich eine Politik, die sich zur Magd der Wirtschaft macht oder machen läßt. Als Ostdeutscher bin ich nicht bereit zu akzeptieren, daß auf den totalen Staat ein totaler Markt folgt und auf die Herrschaft der Funktionäre die Herrschaft der Milliardäre. Auch das jüngste Sozialwort der Katholischen und Evangelischen Kirche hat davor deutlich gewarnt: »Bei den sinnvollen Schritten zur ›Verschlankung‹ des Staates darf er nicht ›ausgehungert‹ werden und am Ende so sehr ›abmagern‹, daß er seine Aufgabe als Sozialstaat nur noch unzureichend erfüllen kann.«[3]

Aber die Globalisierung der Wirtschaft – ist sie es nicht, die die wirtschaftlichen Handlungsmöglichkeiten nationalstaatlicher Politik

---

2 Dokumentiert von Walter Romberg, dem damaligen ostdeutschen Finanzminister.
3 Für eine Zukunft in Solidarität und Gerechtigkeit. Wort des Rates der Evangelischen Kirche in Deutschland und der Deutschen Bischofskonferenz zur wirtschaftlichen und sozialen Lage in Deutschland, S. 13.

einschränkt bis lähmt? Nun, die beiden »Spiegel«-Autoren Martin und Schumann haben in ihrem Bestseller »Die Globalisierungsfalle« die Fakten dargestellt und eindringlich vor der Falle gewarnt, in die wir da laufen. Sie zeigen, daß diese Falle kein Schicksal ist, sondern durch eine Politik der Deregulierung erst ermöglicht wurde. Die Diskussion der Experten und Gegenexperten läßt überdies erkennen, welche Argumentationsfallen im Dienst welcher Interessen aufgebaut werden. Der Wirtschaftswissenschaftler Friedhelm Hengsbach vom Nell-Breuning-Institut nennt das »Gerede um die Globalisierung« eine »Phantomdebatte«, bei der »viel Ideologie« sei. Der Arbeitsplatzexport betreffe zwar einige Branchen, aber doch nur zehn Prozent. Deutschland sei das zweitstärkste Exportland, so daß es ökonomisch unsinnig sei, von einem Wettbewerbsdruck zu reden, der den Sozialstaat unbezahlbar mache. Die Behauptung, daß die Arbeit zu teuer sei, lasse sich angesichts des internationalen Vergleichs der Lohnstückkosten nicht halten. Sein Resümee: »Die Globalisierungsdiskussion ist eine Mehrzweckwaffe, um den gesellschaftlichen Reichtum von unten nach oben umzuverteilen.«[4]

Dahinter aber steht die neoliberale Wirtschaftstheorie, die der Umverteilung von unten nach oben den Schein des Vernünftigen, Sachnotwendigen und für das Wohl aller Verheißungsvollen gibt: Begünstige man die großen Vermögen, so daß sie investieren, werde der Reichtum der Reichen zu den Armen »durchtröpfeln« und zum Allgemeinwohl beitragen. Wie steht es mit dieser Verheißung? Die katholischen Bischöfe der USA haben schon 1986 vor der neoliberalen Theorie gewarnt und 1996 zehnjährige Bilanz gezogen: Die Zahl der in Armut Lebenden in den USA ist von 33 Millionen auf 37 Millionen gestiegen bei wachsender Leistungsfähigkeit der Wirtschaft. Mehr als ein Fünftel der Kinder wachsen in Armut auf im reichsten Land der Erde. 18 Prozent aller Beschäftigten können trotz Vollzeitarbeit ihre Familien nicht aus der Armut heben.[5]

Ein durch Erfahrung gewitzter Ostdeutscher wird die Verheißung dieser Theorie unter Ideologieverdacht stellen. Denn daß eine gerechtere Zukunft eine ungerechte Gegenwart rechtfertige, das haben wir oft gehört. Dialektik nannte man das bei uns.

Die Bilanz der USA-Bischöfe unterstreicht die Warnung, die über

---

4 Spiegel-Gespräch, 3.3.1997.
5 Evangelischer Pressedienst (epd), Dokumentation Nr. 11 a/1997 vom 28.2.1997.

der Erfurter Erklärung steht: Bis hierher und nicht weiter! Verantwortung für eine soziale Demokratie.

Diese Verantwortung ist in unserer Gesellschaft politisch verpflichtend. Sie beruht auf einem Menschenbild und Grundwerten, die Freiheit und soziale Gerechtigkeit untrennbar verbinden. Das ist nicht möglicher Gegenstand pluralistischer Beliebigkeit, und der Sozialstaat steht nicht zur Disposition einer Wirtschaft, die entscheiden könnte, ob und wie weit wir ihn uns leisten können. Oder ist das Grundgesetz, das die Sozialpflichtigkeit des Eigentums festlegt, nur ein Wirtschaftswunderdokument, war es nur ein Schaufensterdokument gegenüber dem benachbarten Kommunismus, oder ist das Grundgesetz ein utopischer Text idealistischer »Gutmenschen«?

Die beiden Kirchen haben in ihrem Sozialwort mit Nachdruck an die humanen Werte erinnert, die der sozialen Marktwirtschaft *zugrunde* liegen, nicht in einem Wertehimmel vorschweben! Nur vier Punkte will ich frei und kurz zitieren:

1. Die Wirtschaft ist für den Menschen da, nicht der Mensch für eine Geldvermehrungswirtschaft. An dieses elementar Selbstverständliche muß erinnert werden angesichts einer Wirtschaft, die dabei ist, die »shareholder values« zum obersten Ziel zu machen.

2. Zur Würde des Menschen, die unantastbar ist, gehört die Arbeit, durch die er am Wirtschafts- und Gesellschaftsprozeß teilnehmen kann. Wer Arbeitnehmer und -nehmerinnen nur noch als Kostenfaktor sieht, tastet die Würde des Menschen an und zerstört den sozialen Frieden, ohne den auch Wirtschaft nicht gedeiht.

3. Die vorrangige Option oder Verpflichtung für die Armen muß das Leitmotiv gesellschaftlichen Handelns sein. Dieses ist an der Frage zu messen, inwiefern es die Armen betrifft, ihnen nützt und sie zu eigenverantwortlichem Handeln befähigt. Darum muß nicht nur Armut, sondern auch Reichtum ein Thema der politischen Debatte sein. Denn Umverteilung ist heute häufig Umverteilung des Mangels, weil der Überfluß auf der anderen Seite geschont wird. Der Sozialstaat aber belastet die Stärkeren zugunsten der Schwächeren.[6]

4. Der Umstieg in eine ökologisch verantwortbare Wirtschaft muß jetzt gewagt und geschafft werden. Warum tun wir nicht, was wir wissen? Die Preise müssen die ökologische Wahrheit sagen. Wir brauchen die Öko-Steuer, gezielte Förderung innovativer ökologischer

---

6 Für eine Zukunft in Solidarität ..., a. a. O., S. 12, 13, 44 ff.

Industrie- und Landbauprojekte, die auch Arbeitsplätze bringen und Exportchancen.

Das sind vier Leitkriterien für eine andere Politik, in denen sich eine große inhaltliche Nähe der Stimme der Kirchen zur Erfurter Erklärung zeigt.

In der Erfurter Erklärung fordern wir eine »andere Politik«. In der für eine Erklärung gebotenen Kürze kann sie diese andere Politik nicht wie ein Regierungsprogramm entfalten. Sie nennt vier Schwerpunktaufgaben: Überwindung der Massenarbeitslosigkeit; eine Reform des Sozialstaates, die den Namen verdient, also den positiv besetzten Begriff der Reform nicht zur Verschleierung des Sozialabbaus mißbraucht; eine ökologische Steuerreform; internationale, zuerst europapolitische Anstrengungen, um die globalisierte Wirtschaft in sozialökologische Rahmenbedingungen einzubinden.

Nur einen Hinweis zum Arbeitsproblem möchte ich in diesem Zusammenhang geben. Die Erfurter Erklärung fordert nicht nur gerechte Verteilung der Arbeit durch radikale Verkürzung der Arbeitszeit, sondern einen neuen Typ von Vollbeschäftigung von Männern und Frauen, der stärker denn je auf gesellschaftlichen Nutzen und ökologische Nachhaltigkeit verpflichtet ist. Hier ist ausgesprochen, daß unsere Arbeitsgesellschaft nicht nur in einer konjunkturellen Krise des Arbeitsmarktes, sondern vor einem Epochenwandel steht. Schon vor 40 Jahren hat Hannah Arendt gezeigt, daß das tätige Leben, die vita activa, nicht nur Produktionsarbeit, sondern auch das Handeln im politischen, sozialen und kulturellen Bereich umfaßt. Seither haben ökologische Philosophen klargemacht, welche katastrophalen Folgen die jahrhundertelange Fixierung des homo faber auf das Machen und die Zernutzung der Natur im Interesse des Habens hervorgebracht hat. Unsere Krisengesellschaft braucht eine Fülle von Tätigkeiten im sozialen Bereich, in Bildungswesen und Kultur, in Gesundheitsvorsorge und -nachsorge und nicht zuletzt im ökologischen Bereich. Dieser Transformationsprozeß aber kann nicht dem Markt überlassen, er muß politisch gestaltet werden. Diese Tätigkeiten bedürfen einer neuen gesellschaftlichen Anerkennung, einer Honorierung im umfassenden Sinn des Wortes.

Wir brauchen eine andere Politik, also eine andere Regierung, sagt die Erfurter Erklärung. Aber ist eine andere Politik machbar und von einer anderen Regierung zu erwarten? In vielen Diskussionen ist mir zu dieser Frage ein erschreckender Fatalismus begegnet – obwohl eine

Fülle alternativer, diskutierter Vorschläge vorliegt. Was für ein fatal-
fatalistisches Gespenst geht da um? Heißt deutsch sein denn in dieser
Zeit, ein jeder tut sich selber leid? Wir brauchen eine Widerstandsbe-
wegung gegen diesen Fatalismus. Darum vor allem habe ich die Erfurter Erklärung mitunterzeichnet. Sie ruft die Zivilgesellschaft auf, aus
der Zuschauerdemokratie aufzustehen und ein Bündnis für soziale
Demokratie zu bilden. Sie fordert die Oppositionsparteien heraus, zu
solcher Willensbildung des Volkes wirksam und einleuchtend beizutragen.

Es gibt Hoffnungszeichen für solchen Aufbruch. Das Sozialwort
der beiden Kirchen gehört für mich dazu – trotz ihres Zögerns in der
politischen Konsequenz. Auch die Kontroversen, die innerhalb der
Regierungskoalition aufgebrochen sind, gehören für mich dazu. Für
diesen gesellschaftlichen Aufbruch können wir auf niemanden verzichten. Auch nicht auf die PDS und ihre Wähler vor allem in Ostdeutschland. Darum fordern wir sie auf, sich von ihrer SED-Ver-
gangenheit und DDR-Nostalgie zu lösen, vor allem aber wenden wir
uns gegen die Feindbildpropaganda der CDU, die die PDS auf diese
Vergangenheit festlegen und sich selbst am Systemgegensatz von ge-
stern legitimieren will. Vergangenheitsbearbeitung hat ihren Sinn darin, daß wir die Zukunft besser machen, als die Vergangenheit war.
Wenn in 30 Jahren eine dann sicher globale Enquetekommission zu-
sammentreten wird, um die Schuld an der Klimakatastrophe und mil-
lionenfachem Hungertod aufzuarbeiten, dann werden sie fragen: Ihr
habt doch alles gewußt. Warum seid ihr nicht aufgebrochen aus eue-
rer gnadenlosen Ungerechtigkeit und euerem Umweltleichtsinn?

Die Erfurter Erklärung schließt mit den Sätzen: Grundlegendes
muß sich verändern. Wer soll das tun, wenn nicht wir, und wann,
wenn nicht jetzt? So erinnert sie uns daran, daß die Zukunft, für die
wir verantwortlich sind, nicht erst morgen oder später beginnt, sondern heute.

Günter Grass

Standorttheater

Was mir einst als Bundesrepublik anstrengend und lieb gewesen ist, muß mir heutzutage als Standort sinnfällig sein. Dessen reiselustiger Außenminister betreibt nicht etwa herkömmliche Diplomatie, sondern vertritt Standortinteressen. Wenn es nach ihm und seinen Ministerkollegen geht, werden wohl demnächst Briefmarken mit der Firmierung »Standort Deutschland« in Umlauf kommen. Schon jetzt wird der Priorität für alles sozialpolitische Tun und Lassen mit dem Ohrwurm »Standort, Standort über alles ...« gehuldigt.

Dergestalt reduziert, beginnt uns die Republik zu entschwinden, und allem Anschein nach wird dieser Verlust nicht einmal bemerkt. Wie aber konnte es dazu kommen, daß eine Faustregel in einem Land gebräuchlich wurde, in dem bislang das Vaterland oder die Nation jeder Sonntagsrede zur Zierde gereichten? Haben sich der Begriff Bundesrepublik und deren Grundlage, die Verfassung, dergestalt abgenutzt und um ihren Wert gebracht, daß sie nur noch als Antiquitäten – hübsch, aber unnütz – im Handel sind? Oder wollte man den seit sieben Jahren vor sich hinköchelnden und gelegentlich überkochenden Nationalismus kaltstellen, indem man das Staatsgebilde mitsamt seinen überlieferten Widersprüchen auf den simplen Nenner Standort verkürzte? Oder müssen im Untergrund wühlende Anarchisten vermutet werden, die, wie man weiß, schon immer den Staat so radikal abschaffen wollten? Und sind mit ihnen innerhalb der Regierung und der sie lenkenden Großindustrie Verfassungsfeinde am Werk, die, anstelle des Grundgesetzes, eine nur dem Standort Deutschland verpflichtete Rentabilitätsrechnung in Kraft setzen möchten? Schließlich muß gefragt werden: Sind der Verfassungsschutz und der Bundesnachrichtendienst diesen gefährlichen Machenschaften auf der Spur, oder steht zu befürchten, daß unsere allwissenden Sicherheitsorgane mittlerweile umdisponiert haben und sich nur

noch in Diensten des Standortes bewähren? Ist gar am Ende nicht nur
der Rinderwahnsinn so heillos standortfixiert?

Ich weiß, weil jemand ohne Mandat, also ein Schriftsteller, zu Ihnen spricht, kann davon ausgegangen werden: er übertreibt. Und ich
gebe zu, daß das Übertreiben zu meinem Handwerk gehört. Dennoch
bitte ich Sie zu bedenken, inwieweit und wie oft mich Erfahrungen
gelehrt haben, meiner vorauseilenden Sicht zu folgen; auf nieder-
schmetternde Weise sind meine schlimmsten Übertreibungen von der
Wirklichkeit überboten worden.

Zum letzten Mal habe ich vor sechseinhalb Jahren – so hieß es –
maßlos übertrieben. Sie erinnern sich: Es ging um die deutsche Einheit. Noch gab es, wenn auch als schäbigen Rest nur und vorbeugend
zur Schrottmasse erklärt, den anderen deutschen Staat, die DDR. Die
werde billig zu haben sein, rechneten sich Schlauberger aus. Man
müsse nur zugreifen.

Ich war gegen diesen übereilten Zugriff und warnte davor, mit Hilfe einer wahltaktisch zwar wirkungsvoll ausgeklügelten, jedoch
volkswirtschaftlich ruinösen Währungsunion jegliches DDR-Produkt
und mit ihm eine Vielzahl von Arbeitsplätzen auf Null zu bringen.
Ich widersprach der westlichen Regierungsabsicht, die Vereinigung
der beiden Staaten einzig über den Beitrittsartikel 23 zu vollziehen
und den das Grundgesetz abschließenden Artikel 146 zu mißachten.
Ich sagte voraus: So formal und papieren praktiziert, werde der Bei-
tritt zum Anschluß verkommen. Ich verhöhnte die Praxis der zentra-
listischen Abwicklungsmaschinerie Treuhand und war mir gewiß,
daß solch ein unkontrollierbares Monstrum ein Übermaß an krimi-
nellem Eifer freisetzen werde. Ich schlug einen verlangsamten, zur
Behutsamkeit einladenden Weg der Einigung zwischen den Deutschen, verbunden mit einer Zielvorstellung vor: Nicht eine vergrö-
ßerte Bundesrepublik, sondern etwas Neues, ein Bund deutscher
Länder möge entstehen und so das Beste, das wir haben, den Föderal-
ismus stärken. Ich warnte, verneinte, schlug vor, ich machte mir
Sorgen und meinte deshalb, beim Ausmalen absehbarer Gefahren
dick auftragen zu müssen.

Damals, als ich so schrecklich übertrieb, wurde mir als Bezeich-
nung für meine nebenberufliche Tätigkeit der Titel »Schwarzseher
der Nation« angehängt. Dabei hatte ich nur abgestufte Grauwerte be-
nannt; für dicke Schwärze hat dann die immer noch amtierende Bundesregierung gesorgt: Die von ihr verursachte Arbeitslosigkeit ist

selbst durch eingeübte Ignoranz nicht mehr zu verdecken; gehäuft zutage tretende Treuhandskandale bezeugen den von mir befürchteten kriminellen Eifer mit milliardenschweren Verlusten. Ein Heer von Glücksrittern bewies nach Manier mittelalterlicher Raubritter hemmungslosen Instinkt. Kleine und große Schnäppchen wurden gemacht. Das »Absahnen« in großem Stil erfreute sich steuerlicher Begünstigung; und schon bald sahen sich die ohnehin geschädigten Bürger der ehemaligen DDR enteignet: Fortan gehört der Osten weitgehend dem Westen; und dieser Besitz wird von Generation zu Generation vererbt werden.

Nur in den übelsten Phasen deutscher Geschichte hat Habsucht so folgenreich um sich greifen dürfen. Arroganz sprach sich aus: Wir nehmen Euch den Krempel zum Schrottpreis ab und zahlen noch ne Kleinigkeit drauf. Nach dieser Devise haben westdeutsche Konzerne mögliche Konkurrenz zum Verschwinden gebracht. Ob in Zwickau oder Magdeburg, ob in Bischofferode oder Eisenach, überall wurde vorsorglich planiert.

Und ähnlich rabiat war man bemüht, alles zu löschen, was an den untergegangenen Staat hätte erinnern können. Ob Polikliniken oder betriebseigene Kindergärten, nichts durfte bleiben. Kulturleistungen, die trotz Zensur und gegen ideologische Engstirnigkeit ihren Bestand bewiesen hatten, waren westlicher Mißachtung sicher. Bücher wurden wie Makulatur, Bilder als Schund bewertet. Und die Goldmedaillen erfolgreicher DDR-Sportler hatten im Nachholverfahren als dopingverdächtig zu gelten. Nur dem in der Berliner Normannenstraße gesichteten Spitzelfleiß des Staatssicherheitsdienstes kam ungeschmälert Bedeutung zu: Bis heutzutage wirkt und lähmt das freigesetzte Gift.

So ging und geht man mit Menschen um, die die schwerste Folgelast des von allen Deutschen verbrecherisch geführten und verlorenen Krieges hatten tragen müssen. Nicht ein Lastenausgleich wurde gewährt, vielmehr nahm man wie von erobertem Feindesland Besitz. Landsleute, denen während vierzig Jahre lang anhaltender Diktatur Leid genug zugefügt wurde und die, als dann die Mauer fiel, in gutem Glauben gewesen waren, sie dürften ihre beschädigte Existenz vor weiterer Entstellung bewahren, sahen sich fortwirkendem Stasiverdacht ausgesetzt. Und jenes westliche Angebot von Freiheit, das so verheißungsvoll gewesen war, reduzierte sich bald auf Begriffe wie »Reisefreiheit« und »Freiheit des Marktes«.

Jadoch: bislang nur geträumte Reisewünsche gingen in Erfüllung. Reichbestückte Schaufenster erfreuten zumindest das Auge. Aber schon bald kehrte der Alltag ein, und die Bürger des entschwundenen Staates lernten den von ihren Ideologielehrern einst verteufelten Kapitalismus nun fern aller Theorie, hautnah und in Praxis kennen. Und siehe da: Er schlug erbarmungsloser zu, als von den rötesten Socken angedroht. Arbeitslosigkeit wurde für viele Menschen zum Dauerzustand. Nach kurzer Schonfrist stiegen die Mieten. Auf Grundstücke, Häuser und Häuschen fiel der Blick westlich geschulter Spekulanten. Zwar stürzten hier und da Denkmäler, doch zugleich wurde der Naturforscher Darwin zum Schutzheiligen der Märkte ausgerufen und zeitgleich das »Recht des Stärkeren« proklamiert.

»Die Freiheit hat ihren Preis«, hieß es. Folglich bot sich nicht die »Soziale Marktwirtschaft« als neue Erfahrung an, vielmehr kamen jene Methoden zum Zug, die seit dem neunzehnten Jahrhundert als Manchester-Liberalismus berüchtigt sind; gratis war nur noch der Spott der Partei der Besserverdienenden zu haben. Wer geglaubt hatte, er hätte sich nach folgsamer Ablösung des Rufes »Wir sind das Volk« durch die Behauptung »Wir sind ein Volk« dem Westen einverleibt und so das »einig Vaterland« gewählt, wurde bald mit der Standortfrage bekannt gemacht.

Die Antwort jener von der Treuhand getätschelten Investoren heißt: Das rechnet sich nicht. Da läßt sich keine müde Mark wachküssen. Der Osten taugt nicht als Standort. Ja, selbst der Westen des Landes droht zu verrosten und verliert an Attraktion. Zu hoch sind Löhne und Lohnnebenkosten, zu investitionsfeindlich die ökologischen Auflagen, zu morsch die Leistungsmoral. Zwangsläufig muß sich der Standort Deutschland in Billiglohnländer verlagern. Dort ist freies Unternehmertum hochwillkommen. Ob in Malaysia, Brasilien oder nachbarlich bei den Tschechen, überall küßt man uns die Füße, nur hierzulande will niemand akzeptieren, daß wir in einer Zeit leben, die sich der Globalisierung der Wirtschaft verschrieben hat.

Habe ich schon wieder übertrieben, zu dick aufgetragen, einen Teufel katastrophensüchtig an die Wand gemalt? Will dieser Schriftsteller etwa der kommunistischen Zwangswirtschaft das Wort reden? Hat er noch immer nicht begriffen, daß es zum Kapitalismus keine Alternative gibt? Will er sich etwa als »vaterlandsloser Geselle« häuten, um sich nunmehr als zynischer Verächter des Standortes Deutschland durch sein Geschreibsel zu schlängeln?

Landesüblich stellt sich nun die Frage nach dem Positiven. Wo bleibt es? Ja, wo? Soll ich Milliarden aufzählen, die von West nach Ost geflossen sind und sich zum satten Teil rückläufig angereichert haben? Soll ich Stolpe, Biedenkopf, Gysi, Frau Hildebrand preisen, die dem Osten gelegentlich Stimme geben? Erwarten Sie von mir, daß ich ein Preisgedicht auf Dresdens glanzvoll erneuerte Barockfassade reime? Wohl kaum. Was aber halten Sie davon, wenn nun Ihr Schriftsteller ohne Mandat versuchsweise ein Loblied auf die Verfassung zu singen beginnt?

Zugegeben: sie ist schwer beschädigt worden, als ihr mit Zustimmung der Sozialdemokraten ein Kronjuwel, das grundgesetzliche Recht auf Asyl, genommen wurde. Bleibenden Schaden richtete eine Mißachtung sondergleichen an: Seitdem der Schlußartikel der alten bundesrepublikanischen Verfassung, der den Deutschen im Fall der Vereinigung eine neue Verfassungsgrundlage versprach, ersatzlos gestrichen ist, leben wir alle – und offenbar klaglos – mit diesem Verfassungsbruch.

Aber ich wollte ja lobpreisen oder zumindest ein positives Scherflein absondern. Hier ist eines: Noch immer bestimmt uns der Artikel 14, Absatz 2: »Eigentum verpflichtet. Sein Gebrauch soll zugleich dem Wohle der Allgemeinheit dienen.« Ein hochherziger Artikel. Die Väter des Grundgesetzes haben, eingedenk des Untergangs der Weimarer Republik, diese Verpflichtung festgeschrieben. Bis in ihre sich christlich nennenden Parteien hinein begriff sich die Bundesrepublik einst als »soziale Demokratie«.

Was ist davon geblieben? Wenig, doch immerhin der Artikel 14, Absatz 2. Entspricht aber dieses Versprechen der Verfassungswirklichkeit? Oder anders gefragt: Habe ich als Verfassungspatriot noch restlichen Anlaß, unser Grundgesetz zu loben? Ich fürchte, nein. Denn wenn demnächst dem Willen unserer allerchristlichsten Parteien und ihrem sich liberal nennenden Anhängsel entsprochen wird, kann keine Vermögenssteuer mehr erhoben werden und darf sich das Eigentum freuen: Nie mehr wird es steuerrechtlich belangt und »sozial verpflichtet« sein.

Ich weiß: Niemand zahlt gerne Steuern. Auch mich, den gutverdienenden Schriftsteller, wird dieser Halunkenstreich entlasten. Doch meine Freude ist geteilt, weil sie mit dem Verlust eines Verfassungsartikels erkauft werden wird, der bislang eine Vielzahl von Vermögenden sozial verpflichtet hatte. Hinzu kommt, daß eine so einseitige Be-

günstigung in Zeiten gewährt wird, in denen Sparsamkeitsgebote zuallererst den sozial Schwachen vorgeschrieben sind; nicht ohne Grund
hat Armut zunehmend Verelendung zur Folge und wächst die Zahl
der Obdachlosen.

»Wir müssen alle den Gürtel enger schnallen«, weiß der Kanzler zu
sagen. Welch ein Ausmaß an Zynismus! In welcher Schublade ist die
Bergpredigt von jenen Parteien abgelegt worden, die sich unverdros-
sen auf den Sozialrevolutionär Jesus Christus berufen? Wenn das
Wort »gotteslästerlich« noch einen Sinn macht, trifft es auf den gegenwärtig regierenden Heuchlerverein zu. Doch seien Sie gewiß:
Mein Verdikt kann diese sich zwischen Schuldenbergen versteigende
Seilschaft nicht jucken. Schnurstracks wird ein ehemaliger Pastor,
namens Hintze, den Wegfall der Vermögenssteuer als notwendige
Maßnahme zum Wohle der Allgemeinheit erklären: Bliebe diese Last,
bestünde für Vermögende nur ein Ausweg: die Kapitalflucht. Abermals wäre der Standort Deutschland gefährdet. Die Standortfrage jedoch habe Priorität.

Man stelle sich landauf, landab ein Rumoren vor. Wie anderswo
auf der Welt erwacht auch bei uns Bürgersinn. Weckrufe werden laut,
vernehmlich sogar jenen Parteien, die wie alteingesessen auf der Op-
positionsbank dahindämmern und ihr Ego nuckeln. Wie einst im
neunundachtziger Herbst wäre in Ost und West, also verhältnismäßig
geeint, der Ruf »Wir sind das Volk« zu hören. Sogar die junge Generation, die sich bis dahin cool gegeben hatte, stünde hitzig in vorder-
ster Reihe. Den mittlerweile betagten Achtundsechzigern fiele ein,
sich aus ihren Befindlichkeiten zu lösen, und auch alte Knacker wie
ich wären dabei. Nein, keine Revolution stünde auf der Tagesord-
nung. Nicht mit der Maofibel in hochgereckter Hand, nur mit dem
Grundgesetz bestückt, einer, zugegeben, lädierten Waffe, käme es
darauf an, den alles nivellierenden Begriff »Standort« zu löschen und
wiederum die Bundesrepublik ins Recht zu setzen, auf daß sie sich sozial begreife, auf daß sich das Eigentum dem Wohle der Allgemeinheit
verpflichte.

Gewiß keine Utopie, aber ein schöner Wunsch, der immerhin
noch geträumt werden darf. Und dennoch mag ihn die Wirklichkeit
nicht spiegeln. Zwar nehmen gelegentlich einzelne Gruppen, Arbeiter, Krankenhausangestellte, Bauern oder ein Häuflein Rentner prote-
stierend von der Straße Besitz, aber das Volk bleibt aus. Die Jugend
versteckt sich hinter ihren Ängsten. Keine Universität will Ort geisti-

ger Höhenflüge sein. Die Achtundsechziger hecheln dem Zeitgeist hintendrein. Und die alten Knacker schimpfen am Stammtisch. Ohne Widerspruch wird das Desaster der deutschen Einheit akzeptiert, so spürbar klaffend soziales Unrecht das Land abermals teilt.

Telegenes Plappern herrscht vor.

Was ist aus meinem, aus unserem Land geworden? Wie erklärt sich der Zerfall der Bundesrepublik Deutschland, deren sozialer Ausgleich einst beispielhaft genannt worden ist? Ohne kommunistisches Stichwort, aus freien Stücken sozusagen, hat sich in ihr jene Klassengesellschaft erneuert, die man mit Hilfe der »sozialen Demokratie« glaubte überwunden zu haben. Einer Horde von Stümpern und Kahlschlägern wurde erlaubt, die tragenden Stützen unseres Gesellschaftsvertrages, die Kranken- und Rentenversicherung, zu beschädigen. Der Arbeiter und Angestellten eigene Leistung, die Arbeitslosenversicherung, ist vor staatlichem Zugriff kaum noch geschützt. Und gegenwärtig soll mit einem Raubzug, auch »große Steuerreform« genannt, dafür gesorgt werden, daß die Reichen in frostigen Zeiten nicht frieren müssen. So wird ein Staat zugrunde gerichtet, dem der annähernd gerechte Ausgleich zwischen Arbeit und Kapital, dem ein sozialer Frieden zu erheblichem Wohlstand und einigem Ansehen verholfen hatte.

Die Geschichte entzog uns ihre selten erteilte Gunst. Nein, nicht die Geschichte, wir sind es gewesen, die zugelassen haben, daß das Glück verspielt und die Möglichkeiten einer deutschen Einigung vertan wurden. Jetzt stehen wir zugleich vereint und abermals geteilt da, und zwar gleichermaßen mit leeren Händen, denn nicht nur die Deutsche Demokratische Republik, die viele von Ihnen als ihren Staat erlebt und ertragen haben, ist gänzlich verschwunden, auch die Bundesrepublik Deutschland, die innerhalb der ihr vorgeschriebenen Grenzen ihr Eigenleben, das heißt, die ihr eigenen Widersprüche hatte, existiert nicht mehr; zwei Staatserfahrungen sind geschichtlich geworden, ohne daß etwas entstanden wäre, dem man gelebte deutsche Einheit nachsagen könnte.

Gewiß, sie steht auf den Papier. Der Kalender nennt einen Feiertag, der diese Einheit zu beschwören hat. Und dennoch bleibt oder wächst die Distanz, auch wenn uns keine als barbarisches Bauwerk gezogene Mauer mehr hindert, einander zu respektieren, wie wir von deutscher, das heißt gemeinsamer und geteilter Geschichte geprägt worden sind. Die uns von den einstigen Siegermächten gewährte große Gunst ist allzu kleinlich verrechnet worden, obgleich der Mangel nicht Geld hieß. Politisch gestaltende Kraft wäre vonnöten gewesen, der uns geschenkten Freiheit dauerhafte Konturen zu geben.

Sieben Jahre hatten wir Zeit, uns in neuer Gesellschaft wiederzufinden. Zwar fehlt es nicht an Vorzeigeprojekten nach Bauherrenart, doch die Bilanz aller tatsächlichen und fehlenden Bemühungen sieht dennoch dürftig aus: Zum Standort verkümmert zeigt sich Deutschland der Welt, zudem von einer Hauptstadt beschwert, die von der amtierenden Regierung und ihren Beamten allenfalls bei Zahlung von Gefahrenzulage bezogen werden wird. Ernüchtert, einander fremd und allzu bekannt, mehr oder weniger belämmert, aber auch fröstelnd, weil ohne sozialen Konsens, stehen wir da.

Es wird an uns, den Bürgern in Ost und West, liegen, ob es bei diesem Standorttheater bleibt.

Bodo Ramelow

Der kalte Krieg gegen den Sozialstaat
Die 15 Sparpakete der Regierung Kohl

Man stelle sich vor: Zwei Fußballmannschaften sollen ein Pokalspiel absolvieren. Die Interessengemeinschaft der Besitzer des einen Fußballclubs fordert zuerst die Abschaffung aller störenden Spielregeln. Mit einem Wirtschaftssachverständigen prüfen die Anteilseigner, ob nicht der Torwart eingespart werden kann oder wegen der geringen Arbeitsauslastung nur als Pauschalkraft eingesetzt zu werden braucht. Zum Bündeln von Synergieeffekten, meinen sie, könne man auch die Abwehr beider Mannschaften zusammenfassen und die Hälfte der Spieler freisetzen. Sicherlich wäre auch vorstellbar, weitere Optimierungsgesichtspunkte von vornherein umzusetzen und – um Unwägbarkeiten auszuschließen – das Spielergebnis durch kapitalkräftiges Gebot festsetzen zu lassen.

Die Abschaffung von Regeln, an denen sich bundesdeutsche Unternehmer stören, heißt seit Ende der 70er Jahre »Deregulierung«. Dieser Kampfbegriff tauchte im »Tabu-Katalog« der Bundesvereinigung der Deutschen Arbeitgeberverbände (BDA) auf und später im »Lambsdorff-Papier« vom 9. September 1982, mit dem Bundeswirtschaftsminister Otto Graf Lambsdorff (FDP) den Ausstieg aus der sozialliberalen Koalition und das nachfolgende Regierungsbündnis mit der CDU/CSU unter Helmut Kohl vorbereitete. Die Forderung nach Deregulierung zieht sich seitdem durch die Politik des Bundes und der Länder, prägt aber mittlerweile auch das alltägliche Bewußtsein der Menschen und wird wie selbstverständlich akzeptiert.

Wer stolpert nicht irgendwann über eine Vorschrift, die ihm unsinnig erscheint? Kennt nicht jeder Beispiele, die uns den Kopf schütteln lassen? Kann jemand etwas dagegen einzuwenden haben, wenn das Paragraphendickicht gelichtet wird? Einer Bevölkerung, die so angesprochen wird, fällt nicht auf, daß unter dem Stichwort »Deregulierung« etwas ganz anderes betrieben wird, nämlich der Umbau der Gesellschaft. Widerstandslos geben wir sozialstaatliche Regeln auf, die einst mühsam errungen worden sind.

Ein weiterer Kampfbegriff, der von den Wortverneblern und Gedan-
kenbesetzern gezielt plaziert wurde, ist das »Sparpaket«. Welcher
Mensch freut sich nicht, wenn ein Paket kommt? Ein Paket zu bekommen, ist immer mit einer positiven Grundannahme verbunden,
und die Neigung zum Sparen gilt – nicht nur in Schwaben – als positive Eigenschaft der Deutschen. Das »Sparpaket« ist also aus zwei positiv besetzten Worten zusammengesetzt. Was unter Kanzler Helmut
Schmidt technokratisch »Haushaltskonsolidierung« oder »Sparopera-
tion« hieß, kommt nun unter seinem Nachfolger Helmut Kohl
freundlicher daher – und viel dicker.

In Zeitschriften erscheinen häufig auf der Rätselseite Fotografien,
die Details ins Unendliche vergrößern. Ein Teil eines abfotografierten
Menschenhaares sieht da wie eine riesige Gebirgslandschaft aus. Der
Betrachter wird dann gefragt, um was es sich handeln könnte. Der
Trick besteht darin, daß man etwas Reales zeigt, das aber durch die
Detailvergrößerung so ins Unkenntliche verzerrt ist, daß es sich nur
mit viel Geschick erahnen läßt. Wer es erkennt, gewinnt möglicher-
weise als Preis eine Baggerfahrt durch die Eifel oder eine kostenlose
Fahrt mit der Kabel-Bahn in San Francisco, wenn er die Anreise
selbst bezahlt. Bei den Sparpaketen ist der Effekt ähnlich.

Seit 1983 verkündet der gewichtigste und nach Diensttagen längste
Kanzler aller Deutschen jährlich ein Sparpaket, um die Bürger zu be-
glücken. Nach dem Prinzip teile und herrsche läßt er jedes Jahr einen
Teil der Bevölkerung aufschreien. Der Rest schweigt.

Das Prinzip Kohl besteht darin, offen anzukündigen, was als nächstes geschieht, und eine geniale mediale Verdummungsmaschine
schafft es dann, den notwendigen Abstand zu unserem vergrößerten
und vergröberten Bild zu verhindern, so daß der Plan, nach dem die
Bundesregierung vorgeht, unkenntlich bleibt. Bei diesem stringenten
Plan handelt es sich um eine geistige Übereinkunft handelnder Personen und Interessengruppen, die konsequent an der Umgestaltung der
Bundesrepublik Deutschland arbeiten. Anders als bei Bertolt Brecht,
der in der »Dreigroschenoper« singen läßt: »Ja, mach nur einen Plan.
Sei nur ein großes Licht! Und mach dann noch'nen zweiten Plan,
gehn tun sie beide nicht«, verwirklicht die Bundesregierung seit 15
Jahren geradlinig dieses Konzept.

Lambsdorffs Deregulierungsprogramm vom 9. September 1982,
das eine Politik zur Überwindung der Wachstumsschwäche und zur
Bekämpfung der Arbeitslosigkeit verhieß, wurde am 14. Oktober

1982, unmittelbar nach dem Regierungswechsel in Bonn, vom CDU-Wirtschaftsrat präzisiert. Am 13. Juli 1983 veröffentlichte der Vorsitzende der Arbeitsgruppe »Arbeit und Soziales« der CDU/CSU-Bundestagsfraktion, Heimo George, »Vorschläge zur Eindämmung der Arbeitslosigkeit«. George, zuvor Geschäftsführer des CDU-Wirtschaftsrates, verfolgte die Arbeitslosigkeit bis in die Zeit der Weimarer Republik zurück. Über die ihr folgende Periode der deutschen Geschichte schrieb er: »Selbst das ›Hitlerregime‹ hatte in Friedenszeiten – trotz ›Reichsarbeitsdienst‹ usw. – mit hoher Arbeitslosigkeit zu kämpfen.« Erst durch die Kriegsvorbereitung habe Hitler ein Vollbeschäftigungsniveau erreicht. Welche Alternative! Noch produktiver wurde die CDU am 4. August 1983 mit Birgit Breuels Vorschlägen zur Lohnreform und am 25. August 1983 mit den Thesen von Ernst Albrecht. Alle diese Konzepte folgten einer Linie, nämlich die Arbeitslosigkeit mit der Absenkung von Lohneinkommen und der Reduzierung von sozialen Absicherungsmaßnahmen zu bekämpfen.

Das Grundmuster ist leicht zu durchschauen: Zuerst wird der Sozialhilfeempfänger als Leistungsmißbraucher denunziert; als nächstes wird dem Ausländer, der hier seinen Arbeitsplatz verliert, die »Rückkehr in die Heimat« empfohlen; das gesellschaftliche Bild der Frauenarbeit wird wieder auf Küche und Kinder reduziert; dem Arbeitslosen wird unterstellt, daß er zu faul sei zu arbeiten; und dem Jugendlichen wird klargemacht, es gebe gar keinen Ausbildungsplatzmangel, sondern nur falsche Ausbildungswünsche, und er sei selber schuld, wenn er nicht gewillt sei, die wunderbare Ausbildung als Melker in Ostfriesland anzunehmen.

Die »geistig-moralische Wende«, die Kanzler Kohl in seiner Regierungserklärung am 13. Oktober 1982 in der 121. Sitzung des Bundestages verkündete, hat zum Ziel, vorsorgendes/fürsorgliches Handeln des Staates zurückzuschrauben, um privater Vorsorge und der Gewinnmaximierung den Vorrang zu lassen. Alle »Sparpakete«, die dann folgten, waren eingebettet in das Konzept der gesellschaftlichen Deregulierung.

Als erste größere Deregulierungsmaßnahme wurde – und das war kein Zufall – der Paragraph 116 des Arbeitsförderungsgesetz (AFG) geschleift. Für streikbedingte Produktionsausfälle in nicht bestreikten Tarifbereichen hatte seit langem die Regelung gegolten, daß Arbeitslosengeld gezahlt wird – wie zum Beispiel auch in Fällen, wo ein Betrieb abbrennt oder durch sonstige Großschäden die Produktion ausfällt. 1986 wurde dieser Paragraph so verändert, daß er sich von nun an gegen die kämpfenden Arbeitnehmer und deren Gewerkschaften richtete.

Ein anderes Deregulierungsprojekt brauchte etwas mehr Zeit, da es nicht nur Arbeitnehmer betraf: die Änderung des Ladenschlußgesetzes. Unmittelbar mitbetroffen waren die Klein- und Mittelbetriebe des Handels, also das Klientel der CDU/CSU. Die Koalition ging in zwei Etappen vor: 1989 Einführung des langen Donnerstags, 1996 Verlängerung der Öffnungszeiten bis 20 Uhr.

Mit etlichen Operationen setzte die Koalition nach und nach ihre »Gesundheitsreform« (auch dies ist ein vernebelnder Begriff) durch. Diese begann 1984 mit Abzügen vom Krankengeld für die Renten- und Arbeitslosenversicherung (Abgabeverpflichtungen auf Lohnersatzleistungen) und führte inzwischen konsequent in die Aufsplitterung der gemeinsamen solidarischen Krankenversicherung zugunsten der privaten Vorsorge, d. h. der privaten Verwertbarkeit durch Versicherungs- und Finanzkonzerne. Ein entscheidender Schritt wurde 1996 getan: Nach Maßgabe der Weltbank wurden die nachwachsenden Generationen aus der Vorsorge für Zahnprothetik herausgenommen, sie sollen sich privat absichern. So wurde die Bundesrepublik Deutschland auf ein Konzept eingetrimmt, das bis dahin nur sogenannten Bananenrepubliken – auch mit Hilfe der Bundesrepublik Deutschland – aufgedrückt worden war.

Die Linie war in Kohls Regierungserklärung vom 13. Oktober 1982 vorgezeichnet: »Deshalb brauchen wir jetzt eine neue Wirtschafts- und eine neue Gesellschaftspolitik«, sagte Kohl und erwähnte, daß zum Beispiel »die ausbildungshemmenden Vorschriften abgebaut werden sollen«. Kohl erläuterte seine beschäftigungspolitischen Vorstellungen auch mit dem Satz: »Investitionen für mehr Arbeitsplätze erfordern eine positive Ertragserwartung und hinreichendes Eigenkapital«, eine Aussage, die nichts anderes bedeutete, als daß sich der Kapitaleinsatz für Kapitalgeber nachhaltig lohnen soll. Die von CDU/CSU- und FDP-Politikern oft verwendete Parole »Leistung soll sich wieder lohnen« war nie für die arbeitenden Menschen, sondern nur für die Vermehrung des Kapitals gedacht.

In der Regierungserklärung verkündete Kohl auch die Absicht, das Bild der Familie zu stärken (was konnte er damit anderes meinen, als daß Frauen an Heim und Herd zurückkehren sollen?). Er kündigte an, daß »den Ausländern, die in ihre Heimat zurückkehren wollen, die Rückkehr erleichtert werden soll und daß jeder Mensch ein Recht hat, in seiner Heimat leben zu dürfen«. Deutlich war auch schon folgende Absichtserklärung: »Wir werden – um das auch noch zu diesem Thema zu bemerken – alles tun, um den Mißbrauch des Asylrechts zu verhindern.« Der Generalangriff auf die Rechte der Frauen, auf die Rechte von Emigranten, auf die Rechte von Jugendlichen, aber auch auf die Rechte der älteren Menschen in dieser Gesellschaft, also der Generalangriff auf die sozialstaatliche Verfassung des Landes, war mithin seit dem 13. Oktober 1982 absehbar. Das deutsche Volk war gewarnt. Aber wie in Max Frischs Stück »Biedermann und die Brandstifter« will der einzelne nicht wahrnehmen, was ihm droht, weil er es sich in seinen materiellen oder geistigen vier Wänden doch ganz nett eingerichtet hat.

Es kam alles, wie es von Anfang an zu befürchten war. Einige Beispiele aus der Leistungsbilanz der von Kohl geführten Regierungskoalition:

1983: Erhöhung der Mehrwertsteuer von 13 auf 14 Prozent.

1984: Arbeitslosen-, Kurzarbeiter- und Schlechtwettergeld werden von 68 auf 63 Prozent gekürzt. Vom Krankengeld werden Beiträge zur Renten- und Arbeitslosenversicherung erhoben.

1985: Der Spitzensteuersatz wird von 56 auf 53 Prozent gesenkt. Arbeitsverhältnisse dürfen ohne Begründung bis zu 18 Monaten befristet werden. Leiharbeit erleichtert. Kündigungsschutz verschlechtert.

1986: Änderung des Streikparagraphen 116 AFG, dadurch Wegfall von Kurzarbeitergeld für »Kaltausgesperrte«.

1988: Gesundheitsreformgesetz; Erhöhung der Selbstbeteiligung bei Medikamenten und stationärer Behandlung, Wegfall des Sterbegeldes. Die Versicherten werden mit sieben Milliarden Mark belastet.

1989: Einführung des zweiten Schiffahrtsregisters mit erheblichen Verschlechterungen des arbeitsrechtlichen Schutzes von Seeleuten. Das Vorruhestandsgesetz läuft aus.

1990: Zahl der Sozialhilfeempfänger ist mit vier Millionen doppelt so hoch wie Anfang 80er Jahre.

1991: Befristete Erhöhung von Lohn- und Einkommensteuer sowie Erhöhung von Mineralöl-, Tabak- und Versicherungssssteuer. Beitragserhöhung zur Arbeitslosenversicherung von 4,3 auf 6,8 Prozent. Abschaffung der Gewerbesteuer in den neuen Bundesländern. Verkürzung der Zeittakte bei Telefonaten und Halbierung der kostenfreien Einheiten.

1992: Die 10. Novelle des Arbeitsförderungsgesetzes bedeutet Kürzung bei Fortbildung und Umschulung, Kahlschlag bei Arbeitsbeschaffungsmaßnahmen (ABM), Kürzung der Einarbeitungszuschüsse, Streichung der Förderung des nachträglichen Hauptschulabschlusses. Das Mietrecht wird verschlechtert.

1993: Erhöhung der Mehrwertsteuer von 14 auf 15 Prozent.

1994: Kürzung des Schlechtwettergeldes mit dem Ziel der Streichung nach zwei Jahren. Senkung des Arbeitslosengeldes. Kürzung der Arbeitslosenhilfe. Privatisierung der Arbeitsvermittlung. Lohnkürzung in Arbeitsbeschaffungsmaßnahmen auf 90 Prozent des Tariflohnes. Erhöhung des Rentenversicherungsbeitrages. Die Anpassung der Sozialhilfe an die gestiegenen Lebenshaltungskosten unterbleibt.

1995: Wiedereinführung des Solidaritätszuschlages. Einführung der Pflegeversicherung. Erhöhung der Versicherungssteuer.

1996: Arbeitsförderungsreformgesetz, wodurch die Arbeitsförderung weitgehend abgebaut wird. Gesundheitsreform.

Dieser Sozialabbau – immer wieder mit der angeblichen Notwendigkeit begründet, durch Deregulierung Investitionshemmnisse zu beseitigen, damit neue Arbeitsplätze entstehen – hatte tatsächlich zur Folge, daß die Gewinne der Großkonzerne und Kapitalgesellschaften konsequent stiegen. Aber gleichzeitig stieg auch die Arbeitslosigkeit. Das Kapital wanderte ab – nicht in Billiglohnländer, sondern in Länder, die kapitalistisch organisiert sind und als Steueroasen fungieren. Über diese Länder wurde Geld auf die Weltmärkte transferiert, so daß die vagabundierenden Geldmassen explosionsartig zugenommen haben. Dies gefährdet die nationalen Währungen. Stabile Nationalhaushalte wie der deutsche können aber immer wieder Kapitalanleihen auf den Kapitalweltmärkten zeichnen und damit hohe Zinsen für die Steuer- und Kapitalflüchtlinge garantieren. Wir alle als Steuerzahler müssen dann über den Staatshaushalt die Verzinsung mitfinanzieren. Die Schraube des Sozialabbaus ist vorprogrammiert.

1989 hatten sich die Widersprüche auch innerhalb des konservativen Lagers dermaßen verschärft, daß dem Kanzler auf dem Bremer Parteitag der CDU der Sturz drohte. Heiner Geißler, Kurt Biedenkopf und andere waren angetreten, die konservative Politik etwas zu modernisieren. Nur knapp gelang es Kohl, die Palastrevolution in der CDU abzuwehren. Zu Hilfe kam dem gewichtigsten Kanzler der Deutschen das Zusammenbrechen des Staatssozialismus, des größten Experimentes einer anderen Gesellschaftsordnung auf einem Teil des deutschen Bodens. Der Kalte Krieg einerseits und die Verkrustung im System der DDR andererseits hatten zum völligen Niedergang des zweiten deutschen Staates geführt.

Die historische Fügung – historisch zumindest für den Kanzler, der sich nun ein neues Wahlvolk kaufen konnte – diente dazu, die Kanzlerschaft zu verlängern, jedenfalls solange die materielle Verblendung der Ostdeutschen ausgenutzt werden konnte. Während die Brüder und Schwestern auf Hilfe warteten, bekamen sie DM, Golf GTI, Marlboro und Video, aber keine Hilfe. Sie selbst trauten sich nur bis zu den Montagsdemonstrationen – und bis aus dem trotzigen »Wir sind das Volk« das willfährige »Wir sind ein Volk« wurde. Von diesem Zeitpunkt an mußte der Bauplan von Otto Graf Lambsdorff, Albrecht, Breuel, George & Co. nur etwas überarbeitet werden. Frau Breuel konnte ihre Konzepte unmittelbar – nachhaltig wirksam – höchst persönlich in die Tat umsetzen. Es wundert nicht, daß ihre Treuhand nach den Maßstäben funktionierte, die sie vorher in ihren Denkschriften eingefordert hatte.

Von 1990 bis 1995 gab es noch eine unterschiedliche Konjunktur in Ost- und Westdeutschland. Durch die Sonderkunjunktur Ost erlebte eine größere Anzahl von Arbeitnehmern im Westen noch eine gewisse Stabilität. Das änderte sich endgültig 1995. Seitdem übertrifft die Arbeitslosigkeit im Westen nachhaltig die Arbeitslosigkeit von 1989.

1982 hatte Kohl in seiner Regierungserklärung 2,5 Millionen Arbeitslose beklagt und besonders darauf hingewiesen, daß 200 000 Jugendliche arbeitslos waren; die Schuld hatte er der sozialliberalen Regierung in die Schuhe geschoben. Beide Zahlen sind inzwischen in Westdeutschland überschritten. In West- und Ostdeutschland zusammengenommen sind über vier Millionen Menschen offiziell als arbeitslos registriert. Gemessen an der Regierungserklärung des Kanzlers von 1982 und an dem moralischen Anspruch, den er für sich reklamierte, hätte er spätestens 1996 zurücktreten müssen.

Gegen die sozialliberale Regierung hatte die CDU beim Bundesverfassungsgericht Klage wegen der Staatsverschuldung eingelegt. Damals ging es um fast lächerliche Beträge – verglichen mit den heutigen direkten und indirekten Staatsschulden, die Kohl zu vertreten hat.

Es gibt den Bauplan. Um ihn genau zu erkennen, sollte man noch etwas tiefer in die Geschichte einsteigen. Dann findet man ihn folgendermaßen formuliert:

»Die deutsche Wirtschaft steht am Scheideweg. Wenn es nicht endlich gelingt, das Steuer umzulegen und unserer Wirtschafts-,
Finanz- und Sozialpolitik eine entscheidende Wendung zu geben,
dann ist der Niedergang der deutschen Wirtschaft besiegelt [...] Den
hohen Anforderungen, die die neuen Verhältnisse an den Unternehmer und an die gesamte Wirtschaft gestellt haben, kann die Industrie nur gerecht werden, wenn sie von unproduktiven Ausgaben entlastet, der Zinssatz gesenkt und eine angemessene Verzinsung des in den Unternehmen arbeitenden Eigenkapitals ermöglicht
wird [...] – Ausgangspunkt für alle Maßnahmen der Wirtschafts-, Fi-
nanz- und Sozialpolitik ist unter den für die deutsche Wirtschaft gegebenen Umständen die Förderung der Kapitalbildung [...] Die Vor-
belastung der Produktion durch Steuern ist auf das unumgänglich
notwendige Maß einzudämmen [...] Die bisherigen Grundlagen der
Sozialversicherungsgesetze sollen erhalten bleiben, aber Ausgaben
und Leistungen müssen im Gegensatz zum jetzigen Zustand den
Grenzen wirtschaftlicher Tragfähigkeit angepaßt werden. Die Sozialversicherung soll die wirklich Schutzbedürftigen und Notleidenden
betreuen, eine unberechtigte, die Volksmoral schädigende Ausnut-
zung ihrer Einrichtungen aber verhindern.« Zur Arbeitslosenversicherung: »Ziel der Reform muß es sein, ihren Haushalt durch weitere
Ersparnisse ohne Erhöhung der Beiträge und ohne Inanspruchnahme
öffentlicher Mittel in ein dauerhaftes Gleichgewicht zu bringen.«
Weiter: »Die staatliche Zwangseinwirkung auf die Gestaltung der
Lohn- und Arbeitsbedingungen ist zu beseitigen.« Schließlich zum
»Umbau der Finanzwirtschaft«. Er habe u. a. nach diesen »Gesichtspunkten zu erfolgen«:
– »wesentliche Senkung der öffentlichen Ausgaben und Steuern«;
– »Beschaffung der Mittel, stärker als bisher, durch indirekte Besteuerung«;
– »fühlbare Entlastung von denjenigen Steuern, die die Kapitalbildung hindern oder kapitalzerstörend wirken«;
– »die sofortige Herabsetzung der Gewerbesteuern auf mindestens
   die Hälfte, gänzlicher Fortfall nach einer kurzen Übergangszeit«;
– »Ermäßigung der Grundvermögenssteuer, und zwar für landwirt-
   schaftlich genutzte Grundstücke auf die Hälfte«;
– »Herabsetzung der Einkommenssteuer durch Senkung des Tarifs,
   vor allem in den mittleren und höheren Stufen, in Verbindung mit
   einer den wirtschaftlichen Erfordernissen gerechter werdenden Än-

derung der Gewinnermittlungs- und Bewertungsvorschriften und einer Beseitigung der Kapitalertragssteuer«;
– »Herabsetzung der Kapitalverkehrssteuern und der Grunderwerbssteuern sowie Beseitigung der Wertzuwachssteuern.«

Viele der vorgenannten Punkte finden sich in den Beschlüssen des Jahres 1996 wieder. Das sogenannte Sparpaket vom Freitag, dem 13. September 1996, sowie die sogenannten Gesundheitsreformgesetze, aber auch das sogenannte Arbeitsförderungsreformgesetz tragen alle dieselbe Handschrift. Die Pläne für die Steuerreform mit der Senkung der Spitzensteuersätze und Abschaffung der Kapitalertragssteuern sowie den Entlastungsmomenten bei der Gewinnermittlung und der Veränderung von Bilanzrichtlinien deuten alle auf die gleichen Forderungen hin, die in dem zitierten Dokument vorgetragen wurden. Das Dokument stammt allerdings schon vom 2. Dezember 1929 und ist ein Auszug aus der Denkschrift »Aufstieg oder Niedergang«, veröffentlicht vom Präsidenten des Reichsverbandes der Deutschen Industrie. Nach dem Ende der unsäglichen deutschen Teilung ist die Stunde der Protagonisten gekommen, die sich auf die Wirtschaftspolitik in der Phase vor 1933 besinnen.

Es ist kein Wunder, daß es mittlerweile zulässig ist, in einem deutschen Landtag, nämlich im thüringischen, vor den Landtagsabgeordneten zu verkünden, daß »der eigentliche Held dieser Krise der deutsche Reichskanzler Heinrich Brüning« war. Mit seiner Notverordnung von 1931 habe der Kanzler die Kürzung bei allen Löhnen und Gehältern durchgesetzt und so die Arbeitslosenzahlen gesenkt.

Der Chef der »Arbeitsgemeinschaft Selbständige Unternehmer« (ASU), Dietmar Wesser, verkündete den staunenden Landtagsabgeordneten: »Bedauerlicherweise haben wir aus diesem Beispiel nichts gelernt.« Und in einem Artikel der »Thüringer Landeszeitung« wird folgendes vermerkt: »[...] doch Wesser setzt noch einen drauf. So zeigt die Erfurter Erklärung deutlich die verwahrloste Situation in unserer Bundesrepublik. Wenn man das Papier genau analysiert, komme man zu dem Schluß, daß hier der Sozialismus à la DDR gefordert wird [...] Wesser ließ auch eine ASU-Broschüre verteilen, in der man unter dem Stichwort ›Masseneinwanderung‹ lesen kann, daß wir uns in einer ›Balkanisierung‹ Deutschlands befinden und daß wir ›auf die Dauer‹ als deutsches Volk bzw. als deutschgeprägte Kultur damit einfach verschwinden bzw. die Deutschen würden zur Minderheit in ihrem angestammten Land.« Die Veranstaltung war mit einem Cicero-Zitat eröffnet worden: »Die Leute sollen wieder lernen zu arbeiten, statt auf öffentliche Rechnung zu leben.«

Das ist die konsequente Fortführung der Konzepte, welche die konservativ-liberale Koalition derzeit in der Bundesrepublik Deutschland vertritt – in großer Übereinstimmung mit den Forderungen der Wirtschaft aus den letzten Jahren. Es ist also kein Wunder, wenn man die Brüningschen Notverordnungen wieder hoffähig in deutsche Landtage Eingang finden läßt.

Sieht man sich die Konzeption des Otto Graf Lambsdorff und den Tabukatalog noch einmal im Detail an, dann stellt man fest, daß vieles von dem, was gefordert wurde, mittlerweile umgesetzt worden ist: Herabsetzung des Arbeitslosengeldes; Erleichterung von Mehrarbeit und Flexibilisierung; Einschränkung tariflicher Regelungen; Rückführung und Umschichtung von Haushaltsmitteln; Einsparungen beim Mutterschaftsurlaubsgeld, beim Bafög, beim Schüler-Bafög, beim Wohngeld; Verminderung der Leistungen nach dem Arbeitsförderungsgesetz; Reduzierung von Rehabilitationsmaßnahmen; Verringerung von Subventionen; Nichtbeachtung der EG-Antidiskriminierungsrichtlinie. Schon sehr frühzeitig wurde auch das Thema Ausländerpolitik akribisch abgearbeitet – genau so wie die Forderungen nach Rückführung der Lohnfortzahlung im Krankheitsfall und Einschränkung des Kündigungsschutzes, des Arbeitsschutzes, des Arbeitsrechtes und des Jugendschutzes. Bis hin zu dem Kapitel unter der Überschrift »Weiterer Abbau der Reglementierung in der Wohnungswirtschaft« mit Forderungen nach weitgehender Liberalisierung des Mietrechtes, Ermittlung der Vergleichsmieten nur anhand von Neuvermietungen, Zulassung von Staffelmieten usw. usw.

Alles dies war bis ins Detail angekündigt und ist zügig, planmäßig und Schritt für Schritt umgesetzt worden. Lediglich das Jahr 1989 hat vorübergehend andere Handlungen notwendig gemacht. Eine Zeitlang mußte man sich den »lieben Brüdern und Schwestern« im Osten widmen, aber die Glücksstunde vom 3. Oktober 1990 und die Aufhebung der Zweistaatlichkeit haben dazu geführt, daß die gesellschaftliche Umverteilung in der Bundesrepublik Deutschland über den Umweg der ehemaligen DDR in einer Geschwindigkeit vollzogen werden konnte, wie sie der Kanzler Kohl, Graf Lambsdorff, Breuel, Albrecht, George und die Bundesvereinigung der Deutschen Arbeitgeberverbände sich nie hatten träumen lassen. Darum ist diese Form der deutschen Einheit ein Glücksfall für die vorgenannte Riege und leider noch kein Glücksfall für die breite Bevölkerung in Deutschland.

Die Ostdeutschen fühlen sich getäuscht, und die Westdeutschen fühlen sich als Melkopfer, ohne daß beide bemerken, daß sie gesamtdeutsche Opfer sind in dem größten Umverteilungsprozeß, den die Bundesrepublik Deutschland in ihrer grundgesetzlich verfaßten Ordnung seit 1945 jemals erlebt hat. Mit dem Grundgesetz und den normalen Regularien, die bis 1990 galten, wäre dies nicht möglich gewesen.

In dem neuen größeren Deutschland kann man sagen: Herzlich willkommen in dem alten, aber ganz alten Deutschland.

Wenn am 1. Mai 1997 der weiße arische Widerstand aufruft, daß deutsche Arbeitsplätze und deutsche Ausbildungsplätze für deutsche Menschen sein müßten, erleben wir im ausgehenden Jahrtausend eine Rolle rückwärts – nur mit dem Unterschied, daß die konservativen Kräfte nach wie vor konsequent ihrer Denkrichtung treu geblieben sind, während man im progressiven linken Spektrum den einen oder anderen Plan macht, beide nicht gehen und man sich – wie immer in Deutschland – nicht einig ist, ob man sich nun einigen möchte.

Kurt Tucholsky beschrieb 1930 in einem Gedicht, was »Die Freie Wirtschaft« (so der Titel des Gedichts) will und worüber sie sich einig ist:

»Ihr sollt die verfluchten Tarife abbauen.
Ihr sollt auf euren Direktor vertrauen.
Ihr sollt die Schlichtungsausschüsse verlassen.
Kein Betriebsrat quatsche uns mehr herein,
wir wollen freie Wirtschaftler sein!
    Fort, die Gruppen – sei unser Panier!
    Na, ihr nicht.   Aber wir!

Ihr braucht keine Heime für eure Lungen,
keine Renten und keine Versicherungen.
Ihr solltet euch allesamt was schämen,
von dem armen Staat noch Geld zu nehmen!
Ihr sollt nicht mehr zusammenstehen –
wollt ihr wohl auseinandergehen!
    Keine Kartelle in unserm Revier!
    Ihr nicht.   Aber wir!

Wir bilden bis in die weiteste Ferne
Trusts, Kartelle, Verbände, Konzerne.
Wir stehen neben den Hochofenflammen
in Interessengemeinschaften fest zusammen.
Wir diktieren die Preise und Verträge –
kein Schutzgesetz sei uns im Wege.
    Gut organisiert sitzen wir hier ...
    Ihr nicht.   Aber wir!

Horst Schmitthenner

Die materielle und ideologische Austrocknung des Sozialstaates

I. Der Sozialstaat im Fadenkreuz einer neuen politischen
Feindbildbestimmung

Nachdem mit dem real-existierenden Sozialismus der »antagonistische Systemgegner« der freien Marktwirtschaft verschwunden ist, rückt nun mit dem Sozialstaat der »gemäßigte Systemgegner« ins Zentrum der politischen Feindbildbestimmung. Einen wesentlichen Schlag hat er mit dem von der Koalition am 13. September 1996 durchgepeitschten Kahlschlagspaket erhalten. Vom Kündigungsschutz über die Lohnfortzahlung bis hin zu den Sozialversicherungen beschloß der Bundestag erhebliche Verschlechterungen für Arbeitnehmerinnen und Arbeitnehmer und die Bezieher von Sozialleistungen.

Die Druckerschwärze war auf dem Bundesgesetzblatt noch nicht trocken, da legte die Bundesregierung weitere Vorschläge zum Sozialabbau auf den Tisch:

- Nachdem bereits durch die letzte gesetzliche Änderung das Regelrenteneintrittsalter auf 65 Jahre erhöht worden ist, soll nunmehr eine weitere Absenkung der Renten um sechs Prozentpunkte folgen. Zudem sollen die Altersbezüge in höherem Maße als bisher besteuert werden.
- Im Bereich der Krankenversicherungen zielt Bundesgesundheitsminister Horst Seehofer auf eine Verschärfung der Konkurrenz zwischen den Krankenkassen und auf noch mehr Selbstbeteiligung der Versicherten.
- Aus der beschäftigungspolitischen Verantwortung zieht sich der Staat immer weiter zurück. Arbeitsmarktpolitik dient augenscheinlich den Konservativen und Liberalen künftig nur noch dazu, den Niedriglohnsektor zum einen durch Subventionierung und zum anderen durch repressive Maßnahmen auszuweiten.

– Die Steuerreform-Pläne von Bundesfinanzminister Theo Waigel machen den Drang zu weiterer Umverteilung von unten nach oben besonders deutlich. Diejenigen, die wegen ihres geringen Einkommens wenig Steuern zahlen, werden durch die Absenkung der Steuersätze nicht entlastet. Wegen der geplanten Mehrwertsteuererhöhung müssen diese Gruppen vielmehr damit rechnen, daß sie sich im Ergebnis schlechter stehen. Außerdem besteht noch eine Finanzierungslücke von über 30 Milliarden DM. Die Koalition will sie durch weiteren Sozialabbau schließen.

Grundsätzlich neu ist diese Politik nicht. Allerdings erreicht sie mit den jüngst verabschiedeten Gesetzen und den jetzt vorgelegten Plänen eine neue Qualität. Es geht um die Grundstruktur des Sozialstaates. Dazu gehören:

– die Tarifautonomie und der Flächentarifvertrag;
– die paritätische Beitragsfinanzierung der Sozialversicherung;
– die Gewährleistung eines materiellen Existenzminimums durch die Bedarfsorientierung der Sozialhilfe;
– und nicht zuletzt die im »Stabilitätsgesetz« und (noch) im Arbeitsförderungsgesetz verankerte beschäftigungspolitische Verantwortung des Staates.

II. Standortstärkung durch Sozialstaatsschwächung?

Der Sozialstaat, sagen die Arbeitgeberverbände und ihnen nahestehende Politiker, sei angesichts der intensiven Weltmarktkonkurrenz in seinen heutigen Dimensionen nicht mehr zu halten. So häufig diese Behauptung auch wiederholt wird, so wenig läßt sie sich in Übereinstimmung mit der Realität bringen.

1. Von einem »ausufernden Sozialstaat« kann keine Rede sein. Dies belegt bereits ein kurzer Blick auf die Entwicklung der Sozialleistungsquote in den letzten 20 Jahren. Die gesamtdeutsche Sozialleistungsquote lag 1995 – trotz explodierender Massenarbeitslosigkeit und wachsender Armut in Ost- und Westdeutschland – mit 34,1 Prozent auf dem westdeutschen Niveau von Mitte der 70er Jahre (1975: 33,9 Prozent).

2. Auch die pauschale Behauptung, die deutsche Wirtschaft leide im Vergleich zu den wichtigsten Handels- und Wettbewerbsstaaten unter einer exorbitant hohen Soziallast, ist nicht aufrecht zu erhalten.

Die wichtigsten Handelspartner Deutschlands sind die europäischen Nachbarstaaten. Betrachtet man nun die allgemeine Abgabenquote, die Sozialleistungsquote oder die Arbeitgeberanteile an den Sozialversicherungen in Europa, so zeigt sich immer wieder das gleiche Bild: Deutschland liegt bei all diesen Größen im europäischen Mittelfeld.

3. Die enormen Defizite der öffentlichen Haushalte in Deutschland lassen sich nicht auf eine angebliche Anspruchsinflation in den letzten Jahren zurückführen. Richtig ist, daß die Haushaltsdefizite deutlich zugenommen haben. Aber die Ursachen dieser Entwicklung liegen woanders. Es sind vor allem die wirtschaftlichen Wachstumsprobleme, die die Steuerausfälle hervorrufen. Eine erhebliche Belastung der öffentlichen Haushalte ergibt sich auch aus den zunehmenden Zahlungen zur Tilgung der Zinslasten der Staatsschulden. Und schließlich muß auf die für die öffentlichen Haushalte ruinöse Steuerpolitik der letzten Jahre verwiesen werden.

1980 betrug die Belastung der Unternehmensgewinne durch direkte Steuern 33,6 Prozent. Bis 1995 wurde diese Quote auf 16,9 Prozent heruntergedrückt. Bei den Arbeitseinkommen hingegen wurden die Abzüge durch die Lohnsteuer zwischen 1980 und 1995 von durchschnittlich 15,8 Prozent auf 19,9 Prozent (Westdeutschland) erhöht. Da aber die Lohnquote am Volkseinkommen deutlich absank und die Steuergeschenke an die Unternehmen kein Wirtschafts- und Beschäftigungswachstum bewirkten, wurde infolge dieser Politik das Geld in den öffentlichen Kassen immer knapper.

III. Der Sozialstaat auf dem Weg zum »nationalen Wettbewerbsstaat«

Die Demontage des Sozialstaates ist zentraler Bestandteil des neoliberalen Gesellschaftsprojektes. Absicht ist, alle gesellschaftlichen Teilsysteme nach dem Kriterium der weltmarktfixierten Modernisierung neu zu formieren. Ob Wirtschafts-, Bildungs-, Forschungs-, Familien-, Kultur-, Hochschul- oder Kommunalpolitik, überall gilt die Maxime: Nützlich ist, was den Standort stärkt. Die gesamte Gesellschaft eine große »nationale Wettbewerbsgemeinschaft« mit verzichtsbereiten Gewerkschaften im Sinne der gemeinsamen »großen Sache« – das ist die Idealvorstellung .

Zugleich erhöht die Deregulierung der Arbeitsbeziehungen das Ri-

siko von Einkommens- und Arbeitsplatzverlusten für die Beschäftigten. Reale Marginalisierung am Rande sowie bis in den Kern der
Facharbeiterschaft reichende Statusgefährdung und Verunsicherung
lassen die Integrationsfähigkeit der Arbeitsgesellschaft erodieren. Das
bleibt auch politisch nicht ohne Folgen. Denn randständige Lebensla-
gen und soziale Statusängste fördern nicht gerade das Vertrauen der
Menschen in die Problemlösungskompetenz des politischen Systems.
Hinzu kommen Legitimationsprobleme der demokratischen Organe
und der Repräsentanten des politischen Systems infolge ihrer Kapitu-
lation vor den angeblich übermächtigen Sachzwängen der Weltmarktkonkurrenz.

Wenn heute als zentrale Aufgabe gestalterischer Politik formuliert
wird, Deutschland, das jeweilige Bundesland oder die jeweilige Kommune so zu gestalten, daß sie als Standort für die global agierenden
Konzerne möglichst attraktiv sind, dann steht der repräsentative Par-
lamentarismus vor einem Demokratieproblem. Dann stellt sich nämlich die Frage, ob die Parlamente wirklich noch ihren Verfassungsauf-
trag wahrnehmen können, die demokratisch legitimierten und beauf-
tragten Instanzen der Entscheidungsfindung zu sein.

IV. »Globales Mittelalter« oder Rückgewinnung politischer
    Gestaltungsspielräume im globalen Kapitalismus

Das Politikmodell der Indienstnahme aller gesellschaftlichen Bereiche
zur Standortstärkung verwickelt nationalstaatliche Politik in ein
strukturelles Dilemma. Der Nationalstaat verschärft als »nationaler
Wettbewerbsstaat« durch die Demontage des sozialen Regulierungs-
systems gerade solche Probleme, mit deren Regulierung und Bewältigung er sich als nationaler Sozialstaat zunehmend überfordert
zeigt.

Es ist nun zu fragen, wie eine Umkehr, wie der Weg in eine »neue
Aufklärung« möglich ist. Es geht also um eine Re-Politisierung von
Politik. Eine erste Voraussetzung dafür ist es, die Globalisierung der
Ökonomie samt ihrer »Sachzwänge« als das zu erkennen, was sie ist,
nämlich als ein ökonomisch-politisches Projekt, das in vielen Auseinandersetzungen und Konflikten durchgesetzt wurde und immer noch
hart umkämpft ist.

Wo Politik die Weichen stellt, da sind auch Alternativen möglich.

Mit Blick auf die Sozialstaatsdebatte müssen zunächst die realen Handlungsspielräume der Nationalstaaten neu vermessen werden. In der Rede vom allgemeinen Gestaltungsverlust nationalstaatlicher Politik droht unterzugehen, daß den Nationalstaaten eine wichtige Scharnierfunktion zwischen Weltmarktzwängen und sozialer Binnenentwicklung zukommt. Es bleiben »nach innen« durchaus Spielräume, über eine soziale Finanz- und Fiskalpolitik zu einer ökonomisch produktiveren Verteilung der Einkommensströme beizutragen. Ferner besteht die Möglichkeit, über regionale Branchen- und Strukturpolitik den wirtschaftlichen Strukturwandel beschäftigungsverträglich zu steuern und die sozialen Sicherungssysteme zu reformieren. Und »nach außen« sind es wiederum vor allem die Nationalstaaten und deren Regierungen, die die politisch-rechtlichen Bedingungen der Transnationalisierung der Ökonomie kodifizieren. Wenn aber sowohl »nach innen« wie »nach außen« für nationalstaatliche Politik Handlungsspielräume gegeben sind, dann erweisen sich Konzepte einer reformpolitischen Erneuerung des Sozialstaates, die auf nationalstaatlicher Ebene ansetzen und von dort aus auf eine Internationalisierung sozialer Regulierungen zielen, durchaus als sinnvoll.

V. Aspekte einer reformpolitischen Erneuerung von Sozialstaatspolitik

Dies kann natürlich nicht bedeuten, sich auf eine Politik der Verteidigung vorhandener sozialstaatlicher Strukturen zurückzuziehen. Angesichts von über vier Millionen registrierten Arbeitslosen ist es durchaus berechtigt, von einer Krise des Sozialstaates zu sprechen. Es stellt sich aber nun die Frage, welche Strukturen des Sozialstaates sich bewährt haben und deshalb politisch verteidigt werden müssen und wo angesichts des grundlegenden Wandels reformpolitische Initiativen geboten sind.

1. Im Zentrum einer reformorientierten Erneuerung des Sozialstaates muß die Rückkehr zur Vollbeschäftigung stehen. Wertschöpfende Beschäftigung muß heute allerdings stärker als je zuvor auf gesellschaftlichen Nutzen und ökologische Nachhaltigkeit verpflichtet werden. Diese Zielbestimmung einer neuen Vollbeschäftigungspolitik bedarf neuer Instrumente. Als Ergänzung zur traditionellen staatlichen Beschäftigungsförderung erweisen sich zumindest zwei Maß-

nahmen als notwendig: zum einen der gezielte Aufbau eines Sektors
öffentlich geförderter Beschäftigung; dabei geht es nicht um die Ein-
richtung eines diskriminierenden »zweiten Arbeitsmarktes«, sondern
um einen Bereich gesellschaftlich notwendiger, sozial geschützter und
qualifizierender Arbeit. Zum anderen ist eine neue gesellschaftliche
Initiative qualitativer Arbeitszeitverkürzungspolitik unverzichtbar.
Neben der notwendigen generellen Verkürzung der Arbeitszeit bedeutet das die Bereitstellung unterschiedlicher Modelle kollektiv,
gruppenspezifisch oder individuell verkürzter Arbeitszeit zu sozial
akzeptablen Bedingungen. Gefordert sind tarif- und arbeitsrechtliche
Optionsregelungen für Unterbrechung, Dauer, Lage und Verteilung
der Arbeitszeit, ohne daß dadurch die soziale Absicherung gefährdet
werden darf.

2. Die Gestaltung solcher »optionaler« Arbeitsbedingungen zielt
auf die Schnittstelle zwischen Arbeits- und Sozialverfassung. Unter
den gegebenen Bedingungen sind vom Normalarbeitsverhältnis ab-
weichende Formen der Beschäftigung diskriminierte Beschäftigungs-
verhältnisse. Darunter haben zumeist Frauen zu leiden, denen auch
heute noch aufgrund des vorherrschenden geschlechtsspezifischen
Rollenverständnisses in der Regel die Familien- und Erziehungsaufga-
ben zugewiesen werden. Mittelfristig muß diese Rollenzuteilung
überwunden werden. Als Übergangsschritt ist die Beseitigung faktisch
frauendiskriminierender Regelungen in den Sozialversicherungen anzustreben. Realistischerweise muß aber davon ausgegangen werden,
daß auch diese Reformschritte zur Vermeidung von Armut nicht aus-
reichen werden. Daher ist die Weiterentwicklung der heutigen sozialen Sicherungen zu einem umfassenden System einer bedarfsorientier-
ten Mindestsicherung erforderlich.

3. Wenn sich Sozialpolitik wieder am Maßstab der sozialen Gerechtigkeit orientieren soll, muß die Sozialstaatspolitik aus der neoliberalen Standortlogik herausgelöst werden. Das bedeutet eine politische Neuorientierung, die insbesondere zwei Aspekte zu berücksich-
tigen hat:

Zum einen geht es um eine gezielte Nutzung der Selbstfinanzie-
rungspotentiale einer präventiven Sozialpolitik; dies läßt sich beispielhaft an der Arbeitsmarktpolitik illustrieren. Durch die Umorientierung sozialstaatlicher Mittel aus der Arbeitslosenversicherung in
Richtung auf eine verstärkte Förderung wertschöpfender Arbeit, statt
der passiven Finanzierung von Arbeitslosigkeit, können arbeitslosig-

keitsbedingte Mehrausgaben eingeschränkt und zugleich Mehreinnahmen erzielt werden.

Zum anderen gilt es, Sozialstaatspolitik wieder als das zu begreifen, was sie (auch) immer war: als Umverteilungspolitik. Die verteilungspolitische Ausgangssituation ist eindeutig: Die aktuelle (strukturbereinigte) Lohnquote ist auf den Stand der frühen 60er Jahre abgerutscht; der Anteil der Gewinne am Volkseinkommen ist hingegen seit Beginn des Konjunkturaufschwungs 1982 ständig gestiegen. Schritte zu einer notwendigen Korrektur könnten etwa in Verbindung mit dem Einstieg in eine ökologische Steuerreform vollzogen werden, die den Verbrauch von Energie und Rohstoffen stärker belastet. Hinzukommen müßte die Einführung einer Vermögensabgabe.

Als drittes sei auf die Möglichkeit einer Reform der Unternehmenssteuer verwiesen, die zum Beispiel Gewinne entlasten kann, wenn diese in die Finanzierung arbeitsplatzschaffenden Sachkapitals fließen, um den notwendigen Beschäftigungsaufbau zu fördern. Zugleich müßte diese Reform Gewinne stärker belasten, die in lukrative Anlagen auf den internationalen Finanzkapitalmärkten fließen. Ferner könnten die Sozialversicherungen durch An- bzw. Aufhebung der Beitragsbemessungsgrenze und Aufhebung der Versicherungspflichtgrenzen stabilisiert werden.

4. Natürlich muß eine Politik sozialstaatlicher Reformen der Internationalisierung der Produktion und der Globalisierung der Finanzmärkte Rechnung tragen. Von besonderer Bedeutung ist die Auseinandersetzung um die anstehende europäische Wirtschafts- und Währungsunion. Hier bündeln sich einige wichtige Probleme. Die aktuelle Entwicklung droht auf eine monetär verstümmelte »Geldwert-Stabilitäts-Union« zuzulaufen. Notwendig ist eine sozial- und beschäftigungspolitische Prioritätensetzung, um die monetaristische Schlagseite des bevorstehenden Integrationsschubes zu korrigieren. Neben monetäre müssen realwirtschaftliche Kriterien treten, die die Angleichung der Wirtschaftskraft sowie des Produktivitäts-, Beschäftigungs- und Einkommensniveaus erfassen. Ziel muß sein, die bestehenden regionalen und sozialen Ungleichheiten abzubauen.

Margret Mönig-Raane

Geld ist genug da – aber wo geht es hin?

Glaubt man der Regierungskoalition, dann gibt es Rettung aus vielfältigen Krisen nur, wenn alle gemeinsam dem Kapital die bestmöglichen Gewinnchancen verschaffen.

Gesellschaftspolitisch hat solche schlichte, aber durchaus wirksame Argumentation die Konsequenz, daß wir uns »eigentlich« unseren ganzen Sozialstaat nicht mehr leisten könnten. Da geht es wohlgemerkt nicht nur um direkte Umverteilung, z. B. Senkung der Sozialausgaben, sondern zugleich sollen auch Rechte, Einwirkungsmöglichkeiten und damit gesellschaftliche Macht umverteilt werden. Auf soziale Regulierung des Kapitalismus abzielende Normen und Verfahrensweisen – Tarifautonomie und Flächentarifvertragssystem, Mitbestimmung in Betrieb und Unternehmen, Kündigungsschutz und Umweltschutzkriterien – sollen als altmodische, sich irgendwie überlebt habende Hindernisse gegen die wahre Freiheit unternehmerischen Handelns abgeschafft werden.

Diese Argumentation wirkt nicht nur bei Millionen aktienbesitzenden Arbeitnehmern, die jeden Morgen nach dem Stand des Dax schauen und eine Aufweichung der D-Mark mehr fürchten als eine Senkung der Ausgaben für Bildung und Forschung. Parolen wie »Wir haben über unsere Verhältnisse gelebt« oder »Der Sozialstaat ist in Zukunft unbezahlbar« zeigen Wirkung leider gerade bei denen, die, weil sie abhängig beschäftigt sind und eben nicht von Einkommen aus Vermögen und Unternehmertätigkeit leben können, auf einen finanziell hinreichend ausgestatteten Sozialstaat angewiesen sind.

Das Modell von Malaysia, Singapur und Hongkong entwickelt fast mehr Faszination als sozialstaatliche Regulierungen im alten Europa. Und bevor die meisten Menschen auch nur darauf schauen, wie sich der deutsche Export, die internationale Wettbewerbsfähigkeit der deutschen Wirtschaft, vor allem aber ihre Einkommen, Steuer- und Sozialabgaben entwickelt haben, glauben sie den fast unisono vorgetragenen Beschwörungen der Globalisierungsmagiker und sind – erst recht, wenn auch noch Arbeitslosigkeit in ihren Bereichen droht – zu Opfern bereit, weil sie weder die Tatsachen kennen noch eine Perspektive erkennen. Widerstand gegen weiteren Sozialabbau, so lassen sie sich einreden, sei »Sozialneid«, Bestehen auf auch die kapitalistische Konkurrenz regulierenden Flächentarifverträgen sei »Unbeweglichkeit«, Skepsis gegen ein Europa der Konzerne sei »Unfähigkeit zur Moderne«.

Das verweist nicht nur auf einen Mangel an Aufklärung und Information, sondern auch auf Schwächen gewerkschaftlicher Politik, die sich offensichtlich hat in die Defensive treiben lassen. So sehr es aber reizt, auf die Defizite gewerkschaftlicher Argumentation und Politik gegen einen breit vorgetragenen Angriff der Neoliberalen einzugehen, der die rechtliche und materielle Ausplünderung eines großen Teils des Volkes so darzustellen versteht, daß ein großer Teil auch noch die eigene Ausplünderung legitimiert, sollen in meinem Beitrag Ergebnis und Ursachen der verteilungspolitischen Auseinandersetzungen im Mittelpunkt stehen. Dabei stellt die mit gewerkschaftlicher Tarifpolitik zu beeinflussende Verteilung nur einen Aspekt dar. Denn was würden selbst erfolgreiche Tarifabschlüsse helfen, wenn sie anschließend von erhöhten Steuern aufgefressen oder für Preissteigerungen lebensnotwendiger Dienste ausgegeben werden müssen, wenn Arbeitslosigkeit die Chance auf eigenes tariflich abgesichertes Einkommen nimmt, Erhaltung von Gesundheit und Sicherung fürs Alter immer teurer, die Ausgaben für Bildung, Forschung und Entwicklung immer geringer werden und damit die Chance auf ein angemessenes Einkommen in der Zukunft sinkt?

Sozial- und Gesellschaftspolitik waren schon immer Verteilungspolitik und werden es bleiben, wie sich umgekehrt die Ergebnisse der Verteilung der gesellschaftlichen Produktion immer maßgeblich auf Partizipation und demokratische Gestaltung einer Gesellschaft auswirken. Verteilungsungerechtigkeit gefährdet die Demokratie. Meine Befürchtung ist: Wir sind auf dem geraden Wege dahin, wenn es zu keinem Politikwechsel kommt, also wenn es uns nicht gelingt, den Widerstand in den sozialen Auseinandersetzungen zu verstärken und besser zu organisieren. Eine Voraussetzung dafür ist eine breite Information der abhängig Beschäftigten und der Öffentlichkeit über die tatsächlichen Ergebnisse der Verteilungskämpfe sowie über die vorhandenen Potentiale für eine aktive Arbeitsmarkt- und Reformpolitik. Das erfordert zu allererst, Zahlen zu referieren, tatsächliche Entwicklungen nachzuvollziehen. Ich will mich aber auf wenige Fakten beschränken.

Daß auch die neue Bundesrepublik eine der reichsten Gesellschaften der Erde ist, das weiß noch die Mehrheit der hier Lebenden. Daß es aber die Arbeitnehmer/-innen sind, die diesen Reichtum geschaffen haben, diese Binsenweisheit ist der Mehrheit schon nicht mehr bewußt. Und daß sie also betrogen wurden, darüber herrscht eher Desinformation vor. Selbstbewußtes Eintreten dafür, daß man gemessen an der eigenen Leistung viel zu wenig bekommen hat, daß man Recht auf mehr hat, ist zur Zeit eher unterentwickelt.

Faktisch hat seit 20 Jahren eine Umverteilung von unten nach oben – verschärft durch die deutsche Einigung – stattgefunden, die belegt: Die offensichtliche Krise dieses Wirtschaftssystems, die sich in einer offiziellen Arbeitslosenzahl von über vier Millionen und einer tatsächlichen, auch von der Bundesregierung bestätigten Massenarbeitslosigkeit von weit über sechs Millionen ausdrückt, läßt sich sinnvoll als Verteilungskrise kennzeichnen: Geld ist genug da, keine Frage. Die politisch und wirtschaftlich zu entscheidende Frage ist, wie das Geld dorthin zu bringen ist, wo Arbeitsplätze und die Voraussetzung für weitere Wertschöpfung entstehen sollen. Der kapitalistische Weltgeist schafft es offenbar nicht.

Allen Unkenrufe zum Trotz muß festgehalten werden, daß von 1980 bis 1995 das Volkseinkommen in Westdeutschland sich real um ein Drittel vermehrt hat. Damit ist die Spanne vorgegeben, um die sich, wären die Verteilungsverhältnisse gleichgeblieben, auch die Einkommen der abhängig Beschäftigten hätten vermehren müssen. Tatsächlich aber sind in diesem Zeitraum die Pro-Kopf-Realeinkommen der abhängig Beschäftigten gleichgeblieben, während sich die Einkommen aus Unternehmertätigkeit und Vermögen real und pro Kopf um 85 Prozent erhöht haben – alles wohlgemerkt nach Abzug von Steuern und Inflationsverlusten. Nimmt man das Jahr 1990 als Grundlage für die weitere Berechnung, sind die Einkommen aus Unternehmenstätigkeit und Vermögen immerhin noch um 19,4 Prozent real gestiegen, die der Abhängig Beschäftigten allerdings um fünf Prozent gesunken – und das alles angesichts einer Wirtschaft, die ihre Leistung immer noch gesteigert hat, wenn auch in geringerem Maße als früher.

Hinter diesen kargen Zahlen wirkt eine politische Absicht. Aus gewerkschaftlicher Perspektive würde ich sie so charakterisieren: Die

Umverteilung von unten nach oben ist gewollt, weil das angeblich für die Leistungsfähigkeit der deutschen Wirtschaft eine wesentliche Voraussetzung ist. Diese gewollte Umverteilung ist nur zu realisieren, wenn konsequent der Weg in den Lohnsteuerstaat fortgesetzt wird. Auch dazu nur einige wenige Zahlen: Der Anteil der Lohnsteuer am Gesamtsteueraufkommen in der Bundesrepublik, der 1991 noch bei 32,4 Prozent lag, ist bis 1995 auf 34,7 Prozent gestiegen. Im gleichen Zeitraum ist der Anteil der Unternehmenssteuern (veranlagte Einkommenssteuer, Körperschaftssteuer und Kapitalertragssteuer) von 12,8 Prozent auf 7,6 Prozent gesunken. Noch krasser zeigt sich die Umverteilung, wenn man einen Blick auf die einzelnen Steuerarten wirft. Es ist immer das gleiche Muster: Die Massensteuern, die von der Mehrheit der Bevölkerung erhoben werden, wachsen, ob Mehrwertsteuer oder Mineralölsteuer, die Steuern auf Unternehmensgewinne und Vermögen sinken.

Schaut man sich nur einmal die Besteuerung der Gewinne von Unternehmen mit eigener Rechtspersönlichkeit in Westdeutschland an, so betrug sie 1980 immerhin noch 33,8 Prozent. Bis 1993 (für danach gibt es keine statistischen Angaben mehr) sank sie auf 18,3 Prozent, hat sich also fast halbiert. Diese Entwicklung verlief schleichend – und folglich ohne starke Proteste. Aber sie war von einer zielgerichteten Politik bestimmt. So haben zum Beispiel die vielfältigen Maßnahmen der »Steuer-Reform-Pakete« von 1986 bis 1990 eine Gesamtentlastung von 33,5 Milliarden DM erbracht. Auf die weitaus größte Bevölkerungsgruppe, die damals ein Netto-Jahreseinkommen bis 52 000 DM hatte, entfiel ein Anteil von 6,3 Milliarden. Aber beim obersten Fünftel in der Skala der Netto-Jahreseinkommen blieben 19 Milliarden Mark hängen – und genau dies war der Zweck der dahinter stehenden einzelnen Entscheidungen. So wurde der Freibetrag für Betriebsvermögen auf 500 000 DM vervierfacht, der Freibetrag beim Gewerbeertrag von 36 000 auf 48 000 DM erhöht, der Spitzensatz der Körperschaftssteuer von 56 auf 50 (1990) und weiter auf 45 Prozent (1994) abgesenkt, und die Körperschaftssteuersätze auf ausgeschüttete Gewinne wurden von 36 auf 30 Prozent reduziert. Allein durch diese Maßnahmen entstand – nach Aussagen der Bundesregierung für 1994 bis 1996 – ein Steuerausfall von 14 Milliarden DM.

Die Firma BMW zahlte im Jahr 1989 noch 509 Millionen DM Steuern in Deutschland, 1992 nur noch 32 Millionen, und im Jahr 1993 erhielt sie, statt Steuern zu zahlen, vom Finanzamt eine Rücker-

stattung von 32 Millionen DM. Die Firma Siemens zahlte 1995 trotz
eines ausgewiesenen Gewinns von 2,1 Milliarden DM keine Mark Er-
tragsteuern in Deutschland. Sie erhielt statt dessen eine Steuergut-
schrift über 60 Millionen DM. Viele ähnliche Fälle sind bekannt.

Das alles muß man vor dem Hintergrund sehen, daß – so groß
die Unterschiede in den Branchen auch sind – die Großunternehmen
und vor allem die Finanzdienstleistungsunternehmen satt verdient
haben.

Hinzu kommt, wie die Bundesregierung selber einschätzt, daß
jährlich mindestens 85 Milliarden DM illegal an Steuern hinterzogen
werden – allemal genug Geld, um unsere sozialen Sicherungssysteme
zu erneuter Blüte zu bringen. Also noch mal: Geld ist genug da!

Wo aber bleibt es eigentlich? Die Erkenntnisse, wo das viele Geld
bleibt, das über Gewinnsteigerungen, Steuervorteile und Steuerhin-
terziehung sich anhäuft, sind spärlich. Zwar gibt es auch in der Bundesrepublik inzwischen mehr und mehr und zunehmend erschüttern-
de Armutsberichte, aber es gibt keinen Reichtumsbericht. Die vorlie-
genden Zahlen sind völlig unzureichend. Fakt scheint zu sein, daß 1,3
Prozent der Haushalte fast 24 Prozent der Nettogeldvermögen besit-
zen; doch jeder ernsthafte Wirtschaftswissenschaftler weiß, daß die
Realitäten noch krasser sind, als sie sich in solchen Zahlen ausdrük-
ken. Deswegen kann man nur ahnen, wieviel Geld tatsächlich vorhanden ist, das man eigentlich einsetzen müßte, um die gesellschaftlichen Probleme, vorab die Massenarbeitslosigkeit, zu lösen. Sicher ist
aber, daß von allen G7-Ländern Deutschland die geringsten Steuern
auf Vermögen erhebt. Insofern hat das Kapital hier wirklich einen
»Standortvorteil«.

Nur leider: Das Geld vermehrt sich, ohne neue Arbeitsplätze zu
schaffen, im Gegenteil: Es rationalisiert sie weg. Schon die Ankündi-
gung, Arbeitsplätze abzubauen, treibt die Aktienkurse hoch. Dazu
nur zwei Beispiele:

– Von 1980 bis 1996 hat Daimler-Benz 87 000 Arbeitsplätze abgebaut, allein von Anfang 1996 bis Frühjahr 1997 ist der Aktienkurs
aber um 75 Prozent gestiegen.

– BASF hat in den Jahren 1980 bis 1996 28 000 Arbeitsplätze abgebaut; Steigerung des Aktienkurses im Jahr 1996: 98 Prozent.

Arbeitsplatzabbau lohnt sich.

Bundesregierung und Unternehmerverbände behaupten unent-
wegt, die Arbeitskosten in der Bundesrepublik seien zu hoch. Dabei

spielen sie mit falschen Karten. Internationale Lohnvergleiche sind nur sinnvoll, wenn die Lohnstückkosten miteinander in Beziehung gesetzt werden. Sie geben das Verhältnis des nominalen Stundenlohns (einschließlich der Lohnnebenkosten) zur realen Produktivität, also der realen Bruttowertschöpfung pro Arbeitsstunde, an. Gemessen in jeweiliger Landeswährung liegt die Bundesrepublik in der unteren Hälfte der Industrieländer, denn mit geringerem Arbeitskostenaufwand werden hier große Werte geschaffen. Verglichen mit den USA, Japan, Großbritannien, Frankreich und Italien hatte die Bundesrepublik in den vergangenen Jahren den geringsten Lohnstückkostenanstieg. Aus diesen Zahlen können die Globalisierungsmystiker folglich keinen Honig ziehen. Die Zahlen müßten nur der Öffentlichkeit stärker bekannt werden.

Wenn der vorhandene Reichtum, also die tatsächliche Wertschöpfung, vernünftig verteilt würde, stände der Sozialstaat gut da. Aber leider lassen wir Gewerkschafter uns oft ohne Grund in die Defensive treiben, z. B. auch mit der Behauptung, die Lohnnebenkosten, die Aufwendungen für den Sozialstaat seien zu hoch. In Wahrheit liegt der Arbeitgeberanteil an den Sozialversicherungsbeiträgen, im Vergleich mit den wichtigsten Industrieländern, nur im Mittelfeld. 1992, neuere Zahlen liegen nicht vor, betrug er nach Angaben der OECD in Deutschland 7,7 Prozent bezogen auf die Wirtschaftsleistung; in Italien und in Schweden, aber auch in Frankreich war er fast doppelt so hoch.

Schaut man sich auch die andern Ausgaben insgesamt an, die unter »Sozialstaat« subsumiert werden, so bewegt sich die deutsche Sozialleistungsquote im europäischen Mittelfeld. 1980 sahen wir mit einer Quote von 28,7 Prozent noch gut aus. Sie sank aber bis 1992 auf 27,3 Prozent, und das war in dieser Zeit der größte Rückgang von allen europäischen Staaten. Andererseits stiegen aber die Beitragssätze für die Sozialversicherung zwischen 1982 und 1997 von 34 auf 42 Prozent des Bruttoeinkommens. Auch hier: Geld ist genug da!

Die hohen Gewinne und die geringen Steuerzahlungen der Unternehmen und der Vermögenden haben mitnichten zur Bekämpfung von Arbeitslosigkeit, für Investitionen, für Bildungsausgaben (auch hier sind wir im internationalen Vergleich radikal abgesackt) oder zur Steigerung von Forschungs- und Entwicklungsausgaben gedient. Ganz im Gegenteil: Die öffentlichen Hände werden immer ärmer, vor allem Kommunen und Länder. Die Arbeitslosigkeit macht die

Sozialhaushalte kaputt – aber darauf wird an anderer Stelle dieses Bändchens eingegangen.

Bleibt eine vielleicht naiv erscheinende Schlußfolgerung: Wenn nun einmal, ganz unbestreitbar, genug Geld, genug Wertschöpfung, genug Reichtum in dieser Gesellschaft da ist, um die vordringlichsten Probleme dieser Gesellschaft – von der Arbeitslosigkeit, dem Hauptproblem, bis hin zur Absicherung für Krankheit und Alter – finanziell zu meistern, wenn dieses Geld aber partout nicht dahin fließen will, wo es gebraucht wird, dann müssen wir gemeinsam dazu beitragen, daß sich das grundlegend ändert und über gesellschaftliche und politische Bahnen gelenkt wird. Das beziehe ich auf jede Betriebsratssitzung und Tarifverhandlung, aber natürlich auch auf alle kommenden Wahlhandlungen!

Hans-Jürgen Fischbeck

Kollektivschulden?
Bemerkungen zur Bedeutung der Staatsverschuldung

Wer schuldet was?

Wir stehen in der Kreide. Wir sind hoch verschuldet, nämlich mit 2 200 Milliarden DM = $2,2 \times 10^{12}$ DM. Das ist eine Zahl, die man gewöhnlich astronomisch nennt. Wir? Wieso wir? Wer sind wir? Der Staat, also Bund, Länder und Gemeinden, ist es doch, der verschuldet ist, nicht wir, oder doch? Hier soll nicht von dem wohltönenden demokratischen Anspruch »Der Staat, das sind wir« die Rede sein. Nein, wir sind es schlicht und einfach als Steuerzahler. Wir sind die kollektiven Schuldner, denn wir zahlen die Zinsen. Wir sind also alle ungefragt verschuldet, und zwar im Durchschnitt der 80 Millionen Bundesbürger mit $2,2 \times 10^{12}$ DM / 8×10^{7} = ca. 27 000 DM. Dafür haben wir ca. sechs Prozent Zinsen zu zahlen. 1995 waren dies insgesamt 129 Milliarden DM, d. h. pro Person und Jahr etwa 1 600 DM, von den Zinsanteilen anderer Preise, die wir zahlen, ganz zu schweigen. Für die eigentlichen Steuerzahler ist es bedeutend mehr, denn die hier mitgerechneten Kinder und Rentner zahlen (noch) keine Steuern.

Verschuldet zu sein, bedeutet zum entsprechenden Teil nicht für sich, sondern für den Gläubiger zu arbeiten. Davon merkt der Steuerzahler nichts, die Steuern wird er sowieso los. Kann ihm nicht egal sein, was damit geschieht? Nein, denn die Steuern zahlen wir, damit der Staat – Bund, Länder und Gemeinden – für das Gemeinwohl sorgt. Wenn nun also der Bund 25 Pfennig von jeder Steuermark nicht für das Gemeinwohl, sondern zur Bezahlung von Zinsen ausgibt, dann merken wir sehr wohl, was das bedeutet. Der Staat muß sparen, heißt es dann, und alle nicken beifällig, denn Sparen ist eine deutsche Tugend. Der Staat muß abspecken, heißt es auch, und wieder wird genickt, denn Speck ist ja doch nichts Gutes, oder? Diesmal aber sind Menschen der Speck, Menschen, deren Arbeitsplatz

»gespart« wird, Menschen, die immerhin dem Gemeinwohl dienten und dies sehr oft durch Tätigkeiten, die sich nicht oder nur unter Wesensverlust kommerzialisieren lassen. Vieles von dem, was in unserer Gesellschaft für das öffentliche Wohl getan werden müßte, kann nicht mehr getan werden, weil es nicht mehr bezahlt werden kann. Das reicht von sozialer und pädagogischer Arbeit über Umweltschutz bis hin zu Kunst, Kultur und Wissenschaft. Überall müssen Budgets laufend gekürzt werden. Wir werden alle ärmer. So bekommen wir zu spüren, daß wir hoch verschuldet sind.

Und die Schulden nehmen ständig zu. Um sie zu tilgen, werden nämlich neue Schulden gemacht, und zwar mehr als getilgt werden. Netto-Neuverschuldung nennt man, was an Neuverschuldung die Tilgung übertrifft. 1996 betrug sie für Bund, Länder und Gemeinden ca. 110 Milliarden, also mehr als das Maastricht-Kriterium zuläßt, wonach sie 3 Prozent des Brutto-Inlandproduktes nicht überschreiten darf. Die Netto-Neuverschuldung liegt in der gleichen Größenordnung wie die Zinslast (1995: 129 Milliarden). Man kann also sagen, daß der Staat die Zinsen nur bezahlen kann, indem er ständig neue Kredite aufnimmt, die aber ihrerseits Zinszahlungen erfordern. Auf diese Weise kann die Staatsverschuldung nicht nur nicht abgebaut werden, sie muß weiter exponentiell zunehmen, wie die in dem Schaubild dargestellte tatsächliche Entwicklung zeigt.

Wenn wenigstens die Relationen gewahrt bleiben sollen, muß das Brutto-Inlandsprodukt, aus dem über die Steuern der Schuldendienst geleistet werden muß, ebenso wachsen wie die Schulden selbst. Dies ist die fiskalische Seite des Wachstumszwangs, unter dem unsere Wirtschaft steht und der auf längere Sicht nur zum ökologischen Desaster führen kann.

Wer ist schuld an unserer Verschuldung? Unsere Volksvertreter sind es, die uns als Steuerzahler zu Schuldnern machen, natürlich nicht aus bösem Willen, sondern um Haushaltslöcher zu stopfen und manchmal, um wenigstens die dringensten öffentlichen Aufgaben zu erfüllen. Sie tun dies meistens auch in der allenthalben gehegten Hoffnung, das geliehene und investierte Geld möge »sich rechnen«, d. h. den eigenen Schuldendienst leisten. Gelingt dies, mag es gut sein, bedeutet aber immer noch, jenem Wachstumszwang zu frönen, unter dem jede kreditierte Investition steht. Oft genug gelingt dies bei öffentlichen Belangen jedoch nicht, und schon wird nach Privatisierung und Kommerzialisierung gerufen, mit den bekannten Folgen.

Einnahmen und Verschuldung des Staates 1970 bis 1995
(ab 1990 Gesamtdeutschland)

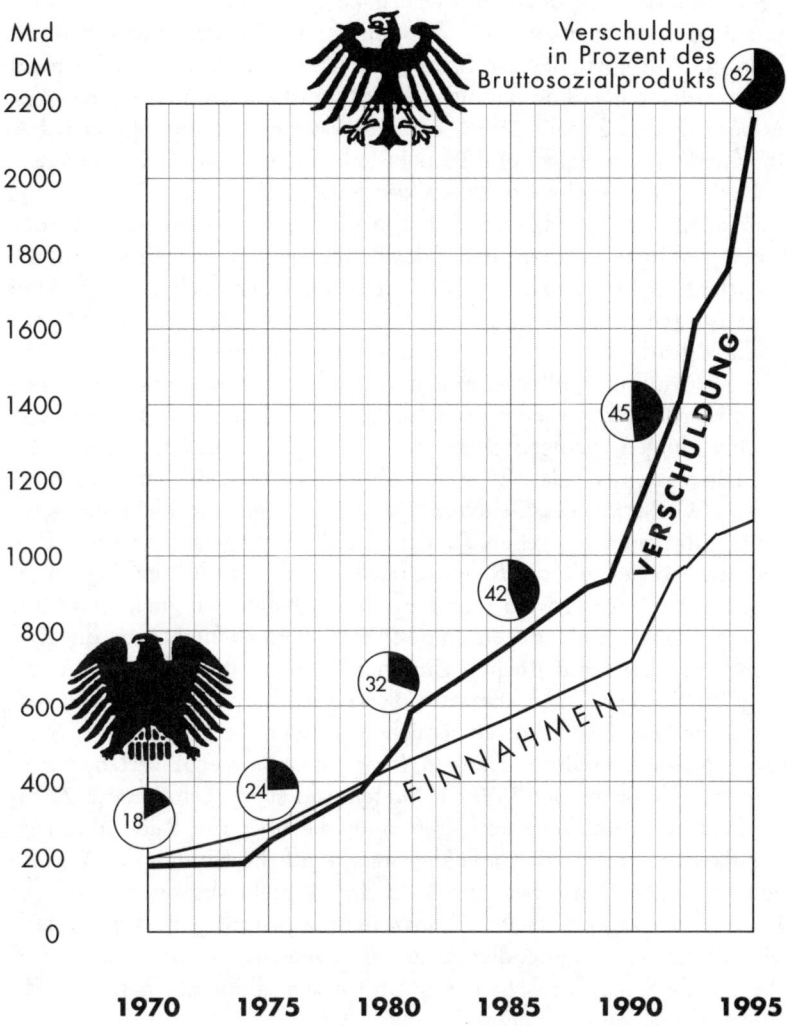

Gläubiger und Schuldner – Gewinner und Verlierer

Wir Staatsbürger und Steuerzahler also sind die Schuldner der Staatsverschuldung, von den Politikern dazu gemacht. Wer aber sind die
Gläubiger, bei wem sind wir verschuldet? In den Lehrbüchern findet
man die Antwort: Bei den Sparern. Sparer aber sind wir doch mehr
oder weniger alle. Sind wir also bei uns selbst verschuldet? Ganz so ist
es bei näherem Zusehen doch nicht. Es ist zwar richtig: Sparer haben
ihr Geld auf der Bank, und Banken leihen denen, die Geld brauchen,
z. B. den Gebietskörperschaften des Staates. Aber die »Sparer« sind
nun doch sehr verschieden. Da sind die einen, die vielen, die lassen
einen Teil ihres Verdienstes auf der Bank, legen es längerfristig an, um
Anschaffungen zu machen oder zu bauen oder auch für das Alter
vorzusorgen. Und da sind die anderen, die mögen wohl für die erste
Million gearbeitet haben, wenn sie sie nicht schon geerbt haben, »die
übrigen Millionen aber kommen von allein«, wie schon der Volks-
mund weiß, und zwar immer schneller. Das kann so weit gehen, daß
da bei einigen wenigen jeden Tag so ein Milliönchen kommt. Im
Prinzip wissen wir das. Es ist der Zinseszinseffekt, der zum exponen-
tiellen Wachstum der Geldvermögen führt, wenn sie nicht mehr für
Anschaffungen ausgegeben, sondern lediglich »angelegt« werden. Zinsen also sind es, die die Reichen reicher und, jawohl, die Armen ärmer machen. Aber, wird man einwenden, haben wir nicht (fast) alle
Bankguthaben und kriegen Zinsen? Sind es denn nicht nur die Kreditnehmer, die – mit Recht – Zinsen zahlen? Ja, aber die meisten und
größten Kreditnehmer, darunter die Gebietskörperschaften des Staates, legen ihre Kreditkosten natürlich um auf die Preise (bzw. Steuern), die sie von ihren Kunden (bzw. Staatsbürgern) verlangen. So
kommt es, daß in allen Preisen, Mieten und eben auch Steuern 20 bis
40 Prozent Zinsanteile enthalten sind, die über die Rückzahlungen
der Kreditnehmer – darunter der Staat – auf die Konten der Vermögenden fließen, und zwar um so mehr, je mehr da schon drauf ist.
Dies ist ein automatischer Umverteilungsprozeß von unten nach
oben, von den Arbeitenden zu den Besitzenden, der dazu führt, daß
die soziale Schere zwischen Arm und Reich allüberall, national und
international, auseinandergeht.

  Wer mehr Zinsen einnimmt, als er durch Preise, Mieten und Steuern bezahlt, gehört zu den Gewinnern – es sind schätzungsweise zehn
Prozent der Bevölkerung. Alle übrigen sind Verlierer. Gewinner sind

diejenigen, die eine halbe Million und mehr, zum Teil sehr viel mehr auf der hohen Kante haben. Aber auch unter ihnen gibt es noch große Unterschiede, die einer Exponentialfunktion entsprechen. Unter den ca. eine Million Millionären nennen nämlich etliche nicht eine Million Mark, sondern tausend Millionen ihr eigen: die Milliardäre.

Die Armen unter uns, die kein Geld haben, um es »anzulegen«, sind ausschließlich Zinszahler und werden ärmer, weil der Zinsanteil in allen Preisen und Mieten mit den Geldvermögen wachsen muß. Einzuräumen ist freilich, daß es ein Existenzminimum gibt, *unterhalb* dessen man keine Steuern zu zahlen braucht. Das ist ein kleiner Beitrag zur sozialen Gerechtigkeit. Umgekehrt scheint es aber auch so etwas wie ein Vermögensminimum zu geben, *oberhalb* dessen man sich der sozialen Pflicht zur Steuerzahlung weitgehend entzieht. Nun ist, um den Punkt auf das i zu setzen, auch noch die Vermögenssteuer gänzlich abgeschafft worden.

Damit ist klar, wer die Schuldner und wer die Gläubiger der Staatsverschuldung sind. Die Schuldner sind die Steuerzahler, d. h. hauptsächlich die Arbeitenden. Die Glaubiger sind die großen Geldvermögen, die oft auch diffus und vielgestaltig auf viele Anleger und Anlagen verteilt sind. Die Staatsverschuldung ist damit nur ein Teil der allgemeinen Verschuldungsproblematik, die drei schwerwiegende ökonomische Dysfunktionalitäten zur Folge hat. Es sind neben der ständig schärfer werdenden sozialen Polarisierung und dem ökonomischen Wachstumszwang, die schon betrachtet wurden, als drittes die Massenarbeitslosigkeit. An Geld mangelt es nicht. An Angebot und Nachfrage nach gesellschaftlich notwendiger, besonders sozialer, pädagogischer, umweltschützender, kultureller und wissenschaftlicher, also gemeinwohlorientierter Arbeit fehlt es auch nicht. Der Nachfrage fehlt es an Kaufkraft, weil diese zu einem großen Teil über die mit den Geldvermögen exponentiell wachsenden Zinsströme auf die Konten der Besitzenden fließt, deren Kaufkraft ihre Nachfrage um viele Zehnerpotenzen übersteigt, so daß sie nur über Investitionen in den Wirtschaftskreislauf zurückfließen kann, aber nicht dahin gelangt, wo sie gebraucht wird. Investitionen aber werden entgegen der Hoffnung ratloser Politiker gegenwärtig eher zum Abbau von Arbeitsplätzen als zur Schaffung neuer getätigt, so daß das Geld eben nicht in die Hände steuerzahlender Verbraucher kommt, sondern über die Kreditrückzahlungen in dem Kanal verbleibt, in dem es zwar der Rendite der Besitzenden, aber nicht dem Gemeinwohl zugutekommt.

Im Widerspruch zu Rechtsstaatlichkeit und Demokratie

Die Staatsverschuldung berührt, um nicht zu sagen bedroht, den Staat in seinen Grundfesten, der Rechtsstaatlichkeit und der Demokratie. Das eine Problem betrifft die Rechtsordnung, und zwar die Eigentumsordnung. Sie erlaubt, wie wir sahen, die automatische Selbstbereicherung der Reichen. Die Reichen werden von Rechts wegen reicher durch das Ärmerwerden der Armen. Die Rechtsstruktur dieser Vermögens-Form des Eigentums ist eklatant ungerecht. Eigentum wird vertragsrechtlich konstituiert und staatlich garantiert. Gegen die Garantie des Eigentums durch den Staat – ausgesprochen durch Art. 14 (1) GG – ist nichts einzuwenden. Dies ist zweifellos eine der wichtigsten Funktionen des Staates und aus ökonomischer Sicht sogar die wichtigste. Nur ist es so, daß der Staat auch ungerechte Verträge garantiert, Kreditverträge nämlich, in denen die Vermögenden die Übermacht ausspielen, die in der Liquidität und Universalität des Geldes liegt, um Zinsen in einer Höhe zu erwirken, die ihnen die leistungslose Selbstbereicherung auf Kosten der Abhängigen verschafft. Die Gläubiger müssen nicht verleihen und können warten, die Kreditnehmer aber brauchen in der Regel das Geld und müssen sich auf gestellte Bedingungen einlassen. Diese subtile Ungleichheit der Vertragspartner hat die beschriebenen dramatischen Folgen bis hin zu solchen Dimensionen wie der Verschuldung und Überschuldung der armen Staaten des Südens. Indem der Staat auch diese durch ungleiche Verträge konstituierte Form des Eigentums garantiert, geraten Art. 14 (1) GG – der das Eigentum unbesehen garantiert – und Art. 14 (2) GG – der die Sozialpflichtigkeit des Eigentums fordert – in Widerspruch zueinander, denn die Selbstbereicherung der Reichen auf Kosten der Armen ist im Prinzip und in der Praxis unsozial.

Die Staatsverschuldung ist, wie gezeigt, eine Form des Ärmerwerdens der arbeitenden und steuerzahlenden Staatsbürger. Wo der Staat in solche Finanznot kommt, wird von den »Besserverdienenden« schnell der Abbau des Sozialstaates gefordert, werden weitere Deregulierungen staatlicher Verfahren verlangt. Man möchte den Staat soweit wie nur möglich abschaffen. Ganz »schlank« soll er werden. Nur eines soll er unbedingt: Das Eigentum in jeder Form garantieren, damit wie bisher die Reichen reicher und die Armen ärmer werden.

Der Konkurs des Staates, das wäre der Zusammenbruch seiner Rechtsordnung aufgrund unerträglich werdender sozialer Spannungen, die durch eben diese Rechtsordnung, d. h. durch die Rechtsstruktur ungerechten Eigentums, hervorgerufen werden. Dies ist ein Selbstwiderspruch unserer Rechtsstaatlichkeit.

Das andere Problem betrifft die Demokratie. Macht im demokratischen Staat beruht auf einem Wählerauftrag, ist zeitlich befristet und rechenschaftspflichtig. Sie sollte jeder anderen Macht in der Gesellschaft, insbesondere der, die aus Eigentum resultiert, übergeordnet sein. Es bedarf keiner näheren Begründung, daß Geld das entscheidende Mittel der Machtausübung ist. Geld regiert bekanntlich die Welt. Macht, die mit der Verfügung über private Geldvermögen gegeben ist, ist nicht demokratisch legitimiert, sie ist nicht zeitlich befristet und nicht rechenschaftspflichtig. Sie ist allerdings an die geltende Rechtsordnung gebunden. Wenn nun aber Geldvermögen exponentiell und unbegrenzt wachsen können – dies geht notwendig mit Staatsverschuldung einher –, so entsteht damit eine immer stärker werdende, nicht legitimierte Macht. In einer Welt, in der man mit Geld (fast) alles machen kann, (fast) alles kaufen kann, kann man mit Geld Politik so beeinflussen, daß die Rechtsordnung gestaltet wird, wie man sich das wünscht. Je größer die Staatsverschuldung ist, um so leichter ist das. Politik verliert zusehends ihr Primat. Demokratie muß sich der Plutokratie beugen, zumal da letztere längst global operiert, während erstere nur national definiert ist und ausgeübt werden kann. Politik, die im Auftrag des demokratischen Souveräns handeln soll, verkommt zur Dienstleistungseinrichtung des Finanzkapitals zur Beseitigung von Standortnachteilen, denn von dessen möglichst ungehemmter Selbstvermehrung hängt in der Tat die Wirtschaft und alles andere ab. Der Kanzler wird zum Handlungsreisenden und Deregulierer. Standortnachteile sind soziale, ethische und ökologische Standards, also Errungenschaften der Demokratie. Abzusehen ist: Die Demokratie selbst wird zum Standortnachteil.

Gisbert Schlemmer

Massenarbeitslosigkeit – ein unabwendbares Schicksal?

Die konservativ-liberalen Wunschträume der »Pferdeäpfeltheorie« haben sich weder in Amerika noch in Deutschland erfüllt: Die Pferde (Arbeitgeber/Investoren) müßten nur ordentlich fressen und saufen können, dann fiele auch genug für die Spatzen (Arbeitnehmer) ab.

Einseitig geleitete Interessenpolitik zur permanenten Vermehrung der unternehmerischen Gewinne ist gesellschaftlich nicht nur ungerecht, sondern extrem schädlich für das gesamte Gemeinwesen. Diese Politik, die seit den 80er Jahren vorangetrieben wurde, ist hochgradig dafür verantwortlich, daß sich die Verteilung des Reichtums in Deutschland, einem der reichsten Länder der Welt, massiv verschoben hat.

Für die Zukunft ist entscheidend, daß die Wirtschaftspolitik nicht mehr von illusorischer Wachstums-, Konkurrenz- und Angebotsstrategie bestimmt wird, sondern daß sich eine aktive Beschäftigungspolitik durchsetzt. Dazu gehört eine allgemeine Umverteilung und Neubewertung der Arbeit unter der Prämisse sozialer Gerechtigkeit.

Die politische Botschaft dieses Denkansatzes lautet: »Es geht grundsätzlich nur anders, als die Parolen der Regierung und der Unternehmer in der von ihnen angeheizten Standortdiskussion glauben machen. Wenn Massenarbeitslosigkeit kein unabwendbares Schicksal sein soll, geht es überhaupt nur anders!« Die Regierungspolitik der letzten 15 Jahre hat sich in diesem zentralen Aufgabenfeld als unfähig und inkompetent erwiesen. Ein genereller Politikwechsel muß schnell herbeigeführt werden.

Das interessengeleitete regierungsamtliche Geschwätz von den Deregulierungs- und Sparzwängen löst die Probleme nicht, sondern verschärft sie. Dabei wählen die Herrschenden ihre Worte aber nicht ungeschickt. »Sparen« ist positiv besetzt, also fordern sie, man müsse auch bei den Arbeitseinkommen sparen. »Deregulierung« scheint et-

was Gutes zu sein, etwas Besseres als staatliche Gängelung, und ein
»schlanker Staat« weckt mehr Sympathie als ein fetter. So wird mit
Begriffen Politik gemacht. Den Menschen wird suggeriert, all das sei
notwendig und gut. Durch jahrelange Wiederholung soll sich diese
Politik in den Köpfen der Menschen festsetzen – eine Politik, die sich
im Kern gegen 80 Millionen Menschen in Deutschland richtet und
nur ein paar tausend Reichen zugute kommt.

Diese Politik hat eine Spiralwirkung nach unten: Arbeitslosigkeit,
Haushaltslöcher, öffentliche Armut, Sparzwang, noch mehr Arbeitslosigkeit, noch größere Defizite, noch mehr sparen usw. Wenn dieser
verhängnisvolle Mechanismus durchbrochen werden soll, muß sich
der Staat von anderen Werten leiten lassen: Gerechtigkeit und Solidarität. Der Staat muß regulieren, nicht deregulieren. Das gilt nicht nur
für die Beschäftigungspolitik. In vielen Bereichen muß der Staat einfach rückgängig machen, was in den vergangenen Jahren angerichtet
worden ist. Ein Beispiel ist die notwendige Wiedereinführung abge-
schaffter Gesetze (Vermögenssteuer, Schlechtwettergeld u.a.). Eine
zukunftssichernde Politik für das Land, die überfällig ist, muß auch
europaweit und über Europa hinaus handeln.

Grundübel ist wie Anfang der 30er Jahre in der Weimarer Republik die Massenarbeitslosigkeit, die von bitterer Armut bei Millionen
von Sozialhilfeempfängern, gnadenloser Ungerechtigkeit bei der Verteilung des Reichtums, massiver Gefährdung des gesamten Sozialver-
sicherungssystems und von der Tendenz begleitet wird, den Egoismus
getarnt als Individualismus zum Leitbild unserer Gesellschaft zu machen. Die Brüningschen Notverordnungen vom September 1932 zeigen deutlich, wohin eine solche Entwicklung führen kann. Damals
wurden Arbeitgeber und Schlichter ermächtigt, tarifvertragliche
Lohnsätze zu unterschreiten. Behörden waren beauftragt, Sozialleistungen zu verbilligen. Gleichzeitig erhielten Unternehmen einen
Steuernachlaß von 2,2 Milliarden Reichsmark.

Wer glaubt, die Situation Anfang der 30er Jahre sei nicht vergleichbar, weil sich das heutige Deutschland durch relative Ruhe und
Stabilität auszeichnet, möge sich vergegenwärtigen: Die Arbeitslosigkeit ist zwar heute weniger öffentlich sichtbar als damals, aber die
Probleme sind nicht weniger gefährlich. Der Hauptunterschied liegt
darin, daß 1969 im Arbeitsförderungsgesetz das Stempeln und Bar-
geldabholen der Arbeitslosen abgeschafft und durch elektronische
Datenverarbeitung ersetzt wurde, so daß das knapp bemessene Ar-

beitslosengeld oder die noch knapper bemessene Arbeitslosenhilfe
nach Hause aufs Konto überwiesen wird. Man stelle sich einmal vor,
wie diese Republik aussähe, wenn die 50 000 Arbeitslosen in Dortmund oder die mehr als 200 000 Arbeitslosen in Berlin sich jeden
Mittwoch zum Stempeln im Arbeitsamt treffen würden und jeden
Freitag ihr bißchen Geld dort abholen müßten. Welche Bilder würden dann aufs Bewußtsein einwirken? Was wäre dann los in dieser
Republik? Heute sitzen Millionen Arbeitslose zu Hause, schämen
sich, lassen sich einreden, sie selber seien schuld daran, daß sie keine
Arbeit hätten, und es gibt viel zu wenig Solidarität.

Was ist also zu tun?

Zunächst ist festzustellen, daß Massenarbeitslosigkeit nur dann kein
unabwendbares Schicksal bleibt, wenn es gelingt, in ganz Deutschland
eine möglichst breite Gegenbewegung zu schaffen. Nötig und überfällig ist ein gesellschaftliches Bündnis von Betroffenen und engagierten
Menschen, vielen Organisationen, Gewerkschaften und verantwor-
tungsbewußten Politikern. Jeder soll und kann in seinem Bereich daran mitwirken, daß in der ganzen Gesellschaft die zentrale Bedeutung
einer gerechten Verteilung der Arbeit erkannt wird und daß der dafür
notwendige »Druck der Straße« (den Kanzler Kohl nicht mag) entsteht.
   Aktive Tarifpolitik kann und muß durch weitere Verkürzung der
Arbeitszeit zu gerechterer Verteilung der Arbeit beitragen und zugleich durch Lohnvereinbarungen dafür sorgen, daß kaufkräftige
Nachfrage nicht verloren geht. Aber das genügt nicht. Letztlich wird
auch eine Regierung gebraucht, der es mit dem Kampf gegen die Massenarbeitslosigkeit ernst ist. Sie muß regieren, handeln und regulieren,
nicht deregulieren.
   Alle gesellschaftlichen, gewerkschaftlichen und politischen Bemühungen müssen auf die Frage nach der Zukunft der Arbeit, auf ein
Konzept vom »guten Leben« für die Menschen konzentriert werden.
Da infolge technischer und organisatorischer Rationalisierung die
Produktivität weiter zunimmt, sinkt tendenziell weiterhin der Gesamtumfang lebendiger Arbeit. Zwangsläufig wächst dann die Massenarbeitslosigkeit weiter – wenn wir tatenlos zusehen. Schon jetzt
droht die Spaltung der Gesellschaft in diejenigen, die drin sind im gut
bezahlten, von schwarzen Sheriffs und Stacheldraht umzäunten Ar-

beits- und Lebensparadies, und diejenigen, die ohne Arbeit draußen stehen, warten und frieren.

Wenn sich der Gesamtumfang lebendiger Arbeit verkleinert und alle Menschen trotzdem Arbeit haben sollen, muß jeder einzelne einen kleineren Anteil bekommen, damit die Arbeitslosigkeit überwunden wird. Jeder weitere Schritt der Arbeitszeitverkürzung und der Arbeitsumverteilung – sei es durch lineare Wochenarbeitszeitverkürzung, weniger Arbeit für Ältere, Überstundenbegrenzung, Teilzeitarbeitsangebote oder andere tarifliche Regelungsmöglichkeiten – gehen in die richtige Richtung. Hilfreich ist jede Unterstützung durch öffentlich geförderte Lohnausgleichsregelungen wie auch jeder Beitrag zur Finanzierung sozial oder ökologisch notwendiger Arbeiten. Jede Diskussion zum Thema »Arbeit statt Arbeitslosigkeit finanzieren«, jeder Vorschlag, bisher Vernachlässigtes, Ungetanes, Nützliches und Humanes zu bewerkstelligen, erleichtert die Lösung der Probleme. Jeder Versuch, Euro-Betriebsräte zu gründen oder die Tarifpolitik zu europäisieren, erschwert die Politik des Spaltens und Gegeneinanderausspielens. Falsch ist nur eins: nichts zu tun, denn die Massenarbeitslosigkeit löst sich nicht von selbst in Luft auf.

Da Erwerbsarbeit ein immer knapper werdendes Gut ist, darf darüber gesetzlich, tarifvertraglich, betrieblich nichts vereinbart werden, was dem generellen Interesse zuwiderläuft, sie gerecht zu verteilen. Das gilt für Mehrarbeitseinschränkungen, Arbeitszeitkonten, Teilzeit, Altersfreizeit, Flexibilisierungsmaßnahmen. Alles, was zu regeln ist, muß unter Gerechtigkeitsgesichtspunkten geregelt werden. Der Staat muß tarifliche Arbeitszeit-Vereinbarungen flankieren. Wenn zum Beispiel Arbeitszeitkonten vereinbart werden, muß er gewährleisten, daß im Fall einer Unternehmenspleite die vorhandenen Zeitguthaben der Arbeitnehmer abgesichert sind.

Die Beschäftigungspolitik darf sich aber nicht nur auf die Umverteilung der knapper werdenden Arbeit beschränken. Sie muß auch auf neue Beschäftigungsmöglichkeiten bedacht sein. Ein Standortvorteil Deutschlands, den es zu nutzen gilt, ist eine vergleichsweise hochqualifizierte Facharbeiterschaft. Dieser Vorteil kann verlorengehen, wenn Aus- und Weiterbildung nicht ausreichend und nicht gezielt gefördert werden. Qualifikation der Arbeitnehmer eröffnet Chancen, durch Innovation, Forschung und Entwicklung in Zukunftsfeldern zusätzliche Arbeitsplätze zu gewinnen.

Erheblicher Arbeitskräftebedarf besteht in einigen Dienstleistungs-

und Kommunikationsfeldern. Vor allem im ökologischen Bereich ist durch den Reformstau bereits viel versäumt worden. Als Folge politischen Nichtstuns und kontraproduktiver Gesetzgebung hat Deutschland in den letzten Jahren bei der Weiterentwicklung von Umwelttechnologien seinen ersten Rang an die USA verloren. Der Staat muß dringend die Rahmenbedingungen für ökologisches Wirtschaften verbessern; dadurch würden neue Arbeitsplätze entstehen. Außerdem sind Exporterfolge zu erwarten – bis in die südliche »Armenwelt« hinein –, wenn dort wirksamere »Hilfe zur Selbsthilfe« angeboten werden kann.

Ist all das illusionär? Möglichen Einwänden sei hier unter zwei Gesichtspunkten (Globalisierung, mangelnde Finanzen) widersprochen.

Globalisierung

Globalisierung ist keine Erfindung der 90er Jahre. Internationalisierungsprozesse gibt es, solange es Konzerne gibt. Mit der Systemwende 1989/90 haben sich Globalisierungsprozesse verändert, teilweise beschleunigt. Die Bedingungen für den weltweiten Handel haben sich dadurch, jedenfalls aus Unternehmersicht, weiter verbessert.

Deutsche Konzerne haben ihre Produktionsstandorte, vor allem in Europa, auf mehrere Länder verteilt. Darüber hinaus organisiert sich das Kapital weltweit und verschärft die Konkurrenzbedingungen. Für die Arbeitnehmer können daraus massive Probleme entstehen. Es wäre aber keine Lösung, Mauern um Deutschland oder um Europa zu ziehen. Vor immer noch latent vorhandenen nationalistischen Tendenzen ist zu warnen. Vielmehr geht es darum, in Deutschland wie in anderen Ländern die Standortpolitiker daran zu hindern, weiterhin gegenseitig die Arbeits- und Lebensbedingungen der Menschen zu unterbieten; statt dessen müssen die Gewerkschaften und die Sozialpolitiker gestärkt werden, damit sich international die Arbeits- und Lebensbedingungen der Menschen möglichst schnell verbessern. In Europa muß eine aktive Arbeitsmarktpolitik verbindlich gemacht werden. Dazu gehört, die Arbeitszeit weiter zu verkürzen, einklagbare Mindestnormen für Löhne, Gehälter, Arbeitszeit und Sozialbedingungen festzulegen und die Maastrichter Verträge so lange abzulehnen, bis die entscheidenden Sozialfragen geklärt sind.

Darüber hinaus stellt sich die Aufgabe, wirksamer gegen Finanzspekulation zu kämpfen, die den Betrieben und der Volkswirtschaft

Geld entzieht, welches für lebendige Arbeit gebraucht wird. Wenn Aktienkurse und Unternehmensrenditen steigen und die Zahl der Millionäre wächst, hat das eine entscheidende Kehrseite: Armut, Arbeitslosigkeit und leere öffentliche Kassen in Bund, Ländern und Gemeinden. Hier wird die bereits weit fortgeschrittene Spaltung der Gesellschaft am deutlichsten sichtbar. Die einen müssen zum Sozialamt, die anderen wissen nicht wohin mit dem Geld und jonglieren ihre Finanzen weltweit um den Globus. Der Kasinokapitalismus treibt wahre Blüten. Seit 1990 hat sich das weltweite Spekulieren und Abzocken mehr als verdoppelt. 1996 wurden tagtäglich 1,3 Billionen US-Dollar an den Devisenmärkten rund um den Globus bewegt. Das entspricht einem Turm aus 100-Dollar-Scheinen, der 130 Kilometer hoch ist. Aber nur zwei Prozent dieser 1,3 Billionen US-Dollar werden für die Bezahlung von Waren und Dienstleistungen benötigt. Alles andere sind reine Finanzanlagen und Spekulationen. Selbst Bundesbankchef Tietmeyer verhehlt nicht die Gefahr, die davon ausgeht: »Finanzmärkte kontrollieren global die Politik.«

Durch die Gewinnentwicklung, durch Einsparungen bei den Arbeitskosten, Konzentration und weitere Faktoren werden die Möglichkeiten des Kasinokapitalismus permanent größer. Die frei verfügbaren Mengen des vagabundierenden Finanzkapitals wachsen schnell. Viele Unternehmen überlegen aktuell, daß es einfacher und bequemer sei, mit Finanzen zu spekulieren, statt durch lebendige Arbeit Wohlstand zu produzieren. Die technischen Möglichkeiten erlauben heute rund um die Uhr, an 365 Tagen im Jahr, vollelektronisch an den Börsen und Bankplätzen der Welt zu jonglieren und spekulieren. Einhalt ist geboten. Gewinnabschöpfung ist geboten. Ein Ansatz ist in dem Vorschlag des Nobelpreisträgers James Tobin zu sehen, eine Devisenspekulationssteuer einzuführen. Sie wäre geeignet, dem Unwesen Grenzen zu ziehen.

Mangelnde Finanzen?

Das Vorurteil, es müsse gespart werden, frißt sich zwar immer weiter fest, aber dahinter steht nur eine Politik, die einseitig von Interessen konservativer Unternehmer geleitet ist. Beispielsweise dient die Erfüllung der Konvergenzkriterien zur Einführung des Euro beim derzeitigen Stand der sozialen Fragen in Europa dazu, die Unternehmer- und Bankenmacht zu verfestigen und zu verstetigen.

Wer die Massenarbeitslosigkeit wirksam bekämpfen will, braucht die
Kosten nicht zu scheuen, im Gegenteil. Für die Finanzierung gilt die
schlichte Erkenntnis: Vollbeschäftigung sichert Steuereinnahmen,
Kaufkraft und staatliche Handlungsfähigkeiten am effektivsten. Derzeit kostet uns die Arbeitslosigkeit jährlich mindestens 160 Milliarden DM. Selbst dann, wenn Arbeit mit staatlichen Geldern finanziert
wird – also mehr Steuergelder dafür ausgegeben werden –, ist der Sal-
do positiv, weil Arbeitnehmer mit ihren Verdiensten die größte Steu-
ereinnahmequelle des Staates, die Lohnsteuer, sprudeln lassen. Auch
der vielfache Ruf nach Einschränkung von Leistungen der Renten-,
Kranken- und Arbeitslosenversicherung kann bei Vollbeschäftigung
entfallen. Denn wiederum gilt hier die schlichte Erkenntnis: Vollbeschäftigung sichert die Sozialversicherungssysteme am besten.

Eine Regierung aber, die nun ausgerechnet darüber nachdenkt, wie
sie diejenigen weiter von Steuerbelastungen befreien kann, die am
ehesten die Mittel haben, zur Finanzierung unseres Gemeinwesens
beizutragen, muß zur Ruhe gesetzt werden, denn der Strukturwandel
in unserer Gesellschaft läßt sich nur bewerkstelligen, wenn Steuern
nach Stärke bezahlt werden; das heißt, der Starke muß viel zahlen,
der Schwache kann nur wenig zahlen. Die riesigen Steuerschlupflö-
cher der Reichen müssen gestopft werden. Für eine Nettoentlastung
aller besteht kein Spielraum.

Es gibt also Handlungsmöglichkeiten. Massenarbeitslosigkeit ist
kein unabwendbares Schicksal. Sie darf sich nicht mehr vergrößern,
sie muß und kann abgebaut werden, wenn eine neue Politik ernst
macht mit unserem Grundgesetzauftrag: »Eigentum verpflichtet. Sein
Gebrauch soll zugleich dem Wohle der Allgemeinheit dienen.« Sagen
wir es mit den Worten der Erfurter Erklärung: »Bis hierher und nicht
weiter.« Beginnen wir zu handeln.

Edelbert Richter

Mein Konzept zum Abbau der Arbeitslosigkeit

Angesichts der Rekordarbeitslosigkeit kann die Regierung ihr Versagen nicht mehr leugnen, und so sucht sie Zuflucht in der ewig wiederholten Behauptung, die Opposition hätte gleichfalls kein Konzept zur Schaffung von Arbeit. Was häufig gesagt wird, prägt sich zwar ein, wird dadurch aber nicht richtiger. Denn alternative Vorschläge zum Abbau der Arbeitslosigkeit liegen längst vor.[1]

Wenn der notwendige Arbeitsaufwand sinkt, muß die Arbeit neu und gerecht verteilt werden, das erfordert Initiativen von *Wirtschaft und Gewerkschaften*:

– Während die einen sich kaputtschuften, sind die anderen zu Untätigkeit verdammt. Es ist daher zunächst notwendig, die absurd hohe Zahl von *Überstunden* abzubauen. Schon ein (mit Rücksicht auf die kleinen Unternehmen) maßvoller Abbau von 50 Prozent der 1,7 Millionen Überstunden schafft etwa 500 000 Jobs.   500 000

– Wegen der längeren Wochenarbeitszeit und weil es im Westen mehr Teilzeit gibt, arbeitet statistisch gesehen jeder Beschäftigte im Osten 121 Stunden im Jahr länger als sein Kollege im Westen. Würde die *Arbeitszeit im Osten* an die im Westen angeglichen, so ließen sich 520 000 Jobs neu schaffen.   520 000

– Dazu muß eine Ausweitung der *Teilzeitarbeit* kommen. Nur 19 Prozent der Beschäftigten haben einen Teilzeitjob (in den Niederlanden sind es inzwischen 37 Prozent). Schon fünf Prozent mehr Teilzeit würde 570 000 Arbeitsplätze schaffen. Hier gilt es allerdings, tief verwurzelte Vorurteile zu überwinden. Ein Mann, der mit einer halben Lohntüte nach Hause kommt oder nicht mehr verdient als   570 000

---

1   Bei meinen Zahlenangaben stütze ich mich im wesentlichen auf die Studie »Wege zu mehr Beschäftigung« des Nürnberger Instituts für Arbeitsmarkt und Berufsforschung vom September 1996.

seine Frau, scheint für viele kein richtiger Mann zu sein.
Die Frauen haben jedoch ein Recht auf ihren Anteil an
Erwerb und Einkommen, und sie wünschen sich darüber
hinaus die gemeinsame Verantwortung für die Familienar-
beit. Teilzeitarbeit ist – sofern das verbleibende Einkommen für eine menschenwürdige Lebensführung ausreicht –
ein Gewinn an frei verfügbarer Zeit, die sich sinnvoll nutzen läßt, z. B. für Hobbys, für Kinder, für Freundschaft
und Nachbarschaft und für ehrenamtliches Engagement.
– Wir kommen nicht umhin, die Solidarität derjenigen, die
Arbeit haben, mit denen, die Arbeit suchen, einzufordern.
Es ist wahr: *Arbeitszeitverkürzung* ohne vollen Lohnausgleich bedeutet für die Beschäftigten einen neuerlichen Verzicht nach Jahren stagnierender oder sogar rückläufiger
Nettolöhne, und die Lebenshaltungskosten werden auch
nicht billiger. Um dieses Übermaß an Solidarität mit den
Arbeitslosen abzumildern, haben die Gewerkschaften früher immer den vollen Lohnausgleich gefordert, aber angesichts der wachsenden Angst um den Erhalt der eigenen
Arbeitsplätze ist eine Wende eingetreten. ÖTV-Chef Herbert Mai hat die Arbeitszeitverkürzung ohne Lohnausgleich angeboten, wenn im Gegenzug Beschäftigungsgarantien gegeben werden. Andere Gewerkschafter und Wissenschaftler argumentieren, Einkommensverzichte würden,
weil sie die Massenkaufkraft mindern, beschäftigungspoli-
tisch kontraproduktiv wirken. Die Erfurter Erklärung fordert »angemessenen Lohnausgleich«. Drei Prozent weniger
Lebensarbeitszeit (das wäre etwas mehr als eine Stunde
Verkürzung pro Woche) bringen schätzungsweise 900 000   900 000
neue Jobs.
– Auch bei den *Löhnen* sind Gewerkschaften bereit gewesen, sich auf die Logik der Arbeitgeber einzulassen, nach
der Lohnverzicht zu höherer Beschäftigung führen soll. Die
Arbeitgeberseite hat jedoch das »Bündnis für Arbeit« plat-
zen lassen, um keine Beschäftigungsgarantien geben zu
müssen. Traute sie ihrer eigenen Logik nicht, nach der so
schätzungsweise 500 000 Jobs entstehen könnten? Die In-   500 000
itiative liegt hier letztlich bei der *Wirtschaft*.
– Eine interessante Variante wäre der *Investivlohn:* Die Ar-

beitnehmer verzichten nicht auf Lohnsteigerung überhaupt, sondern nur auf mehr »Barlohn« bzw. Konsum, und
sie bekommen dafür »Sparlohn« bzw. Anteilsrechte an dem
Unternehmen. Mit dem Eigenkapital, das sie den Unter-
nehmern zur Verfügung stellen, können ebenfalls neue Arbeitsplätze geschaffen werden. ?

Aber auch der *Staat* ist gefordert, seinen Teil zur Bekämpfung der
Arbeitslosigkeit beizutragen:

– Zunächst gilt es den neoliberalen Irrglauben abzuschüt-
teln, der freie und egoistische Wettbewerb würde, wenn der
Staat ihn nur möglichst unbehelligt ließe, den Wohlstand
für alle mehren. »Die Wirtschaft findet in der Wirtschaft
statt«, sagte Wirtschaftsminister Rexrodt, legte die Hände
in den Schoß, und siehe da: Die Arbeitslosigkeit erreicht
immer neue Rekordhöhen. *Wir brauchen eine Regierung
mit der festen Überzeugung, daß man die Dinge nicht sich
selbst überlassen darf* und daß wirtschaftspolitisches Handeln
sich auszahlt.

– Die Investitionen der Unternehmen dienen oft mehr der
Beseitigung als der Schaffung von Arbeitsplätzen. Mit Hilfe
von staatlichen Subventionen entstehen moderne, fast men-
schenleere Fabriken. Die Regierung muß umdenken und in
erster Linie die Schaffung von Arbeitsplätzen fördern.
Wenn die Fördergelder für Betriebe zur Hälfte als *Lohnko-
stenzuschuß* und als Investitionszulage gezahlt werden, besteht ein stärkerer Anreiz für *arbeitsplatzschaffende* Investi- ?
tionen.

– Außerdem muß die Regierung besser rechnen lernen!
1994 wurden etwa 130 Milliarden DM dafür bezahlt, daß
Menschen zum Nichtstun verdammt waren, anstatt das
Geld dafür zu verwenden, sie in nützliche Arbeit zu bringen. Beschäftigte in Arbeitsbeschaffungsmaßnahmen dagegen finanzieren sich zu 97 Prozent (im Westen) bzw. 86,5
Prozent (im Osten) selbst. Die SPD hat deshalb 1995 ein
Arbeits- und Strukturförderungsgesetz (ASFG) vorgeschla-
gen, mit dem 500 000 Jobs geschaffen werden können, 500 000
wenn die Arbeitsämter Arbeit und Qualifizierung statt Arbeitslosigkeit fördern, wenn kleine oder junge Unterneh-

men Lohnkostenzuschüsse erhalten und Beschäftigungsge-
sellschaften mit sozialen und ökologischen Arbeiten be-
traut werden. Die Fördermittel, die in die schwächeren Re-
gionen fließen, können mit den Arbeitsamtsgeldern zu-
sammengelegt werden, um so die Strukturpolitik voranzu-
bringen.

– Die hohen *Lohnnebenkosten* machen Arbeitsplätze in der
Tat teuer. Der Spielraum für eine Senkung der Sozialversicherungsbeiträge ist aber knapp, weil der Finanzminister
z. B. die Deutsche Einheit durch den Griff in die Sozialkas-
sen finanziert hat. Diese *»versicherungsfremden Leistungen«*
müssen daher durch Steuern ersetzt werden – was zudem
gerechter ist, weil dann auch Beamte und Selbständige ihren   ?
Teil beitragen.

– Eine *ökologische Steuerreform* kann die Arbeit zusätzlich von Sozialabgaben entlasten, indem man den Energie-
verbrauch stärker besteuert und das Geld an die Bundesan-
stalt für Arbeit überweist. Schon ein Prozent geringere Beiträge zur Arbeitslosenversicherung bringt innerhalb drei
Jahren 100 000 Arbeitsplätze. Das Deutsche Institut für   100 000
Wirtschaftsforschung (DIW) hat errechnet, daß mit einer in
kleineren Schritten ansteigenden Ökosteuer in zehn Jahren
über 600 000 zusätzliche Arbeitsplätze, vor allem im hand-
werklichen Bereich, geschaffen werden können.

– Die Lohnnebenkosten lassen sich weiter senken, wenn
die geringfügige Beschäftigung eingedämmt wird. Bei Jobs
bis zu einem Lohn von 590 DM im Osten und 610 DM im
Westen müssen keine Sozialversicherungsbeiträge bezahlt
werden. Die Folge ist, daß immer mehr Unternehmer vor
allem im Einzelhandel die Vollarbeitsplätze in viele Kurz-
zeitjobs zerlegen und so auf Kosten der Allgemeinheit sparen. Die Gutverdiener zahlen bislang nur bis zu einem bestimmten Einkommen in die Sozialversicherung ein. Für
die Krankenversicherung ist jede Mark, die über 6 000 DM
brutto hinaus verdient wird, versicherungsfrei. Diese Grenze kann zumindest angehoben werden, wenn dafür der Beitrag für alle sinkt. Im Gesundheitswesen kann man an Arz-
neimittelpreisen, Arzthonoraren und Krankenhausbetten
noch einiges sparen! Ein Prozent geringere Krankenkassen-

lich verhält. Diese Rolle ist ungewöhnlich; aber nur der Detektivin gelingt es momentan, ab und an Sand in das undemokratische Getriebe zu werfen.

Bleiben wir beim Beispiel Europol: Die europäischen Regierungen haben über dieses Grundgesetz für eine europäische Polizei beraten wie über die Gründung eines Geheimdienstes – und die entscheidenden Passagen dieser Konvention lesen sich auch so. Das muß nicht verwundern: Wie soll bei einem so undemokratischen Verfahren etwas Demokratisches herauskommen? Demokratie beginnt mit Transparenz und Öffentlichkeit. Nur in der Klandestinität, die heute europäisches Herrschaftsprinzip ist, gelingt es den nationalen Machthabern, auch noch das durchzusetzen, was zu Hause in den Hauptstädten parlamentarisch noch nicht durchsetzbar wäre. Ist das die europäische Form der Demokratie, die man den jungen und bereitwilligen Demokraten im Osten lehren will?

Im Innenausschuß des Europa-Parlaments ist das Elend der europäischen Innen- und Rechtspolitik portionsweise zu erleben. Ausgerechnet auf den Gebieten des Rechts und der Rechtssicherheit für BürgerInnen sind die demokratischen Defizite am größten. Der politische Kampf um mehr Demokratie ist die Überlebensfrage der europäischen Integration.

Administrative Systeme ohne jegliche Kontrolle werden an allen europäischen Verträgen vorbei errichtet, ein reguläres Gesetzgebungsverfahren wird umgangen, die Gewaltenteilung aufgehoben. Wohin das führt, zeigen Inhalt und Praxis des Schengener Vertrages. Ihm zufolge sollte im Vertragsgebiet Freizügigkeit herrschen – für die Sicherheit sollte durch »Ausgleichsmaßnahmen« gesorgt werden. Doch das Interesse an diesen Ausgleichsmaßnahmen war stets viel größer als das Interesse an der Freizügigkeit. Deshalb genügen den nationalen Regierungen die scharfen Kontrollen an den Grenzen nicht; sie wollen auch im Schengen-Inland verstärkt kontrollieren. Schengen ist das Modell eines Kerneuropa-Konzepts, das den anderen EG-Staaten übergestülpt wird.

Was in Schengen gekocht wurde, muß ganz Europa essen. Es entsteht ein Europa, in dem es nur um Waren, Kapital und Dienstleistungen geht. Die seit dem 1. Januar 1993 gleichermaßen garantierte Freizügigkeit von Personen steht dagegen nach wie vor auf dem Papier.

Früher, als Europa noch keine Form, aber dafür die europäische

Idee Format hatte, stand Europa für Sicherheit, für Freiheit, Frieden und für eine grenzenlose Zukunft. Heute wird es von den nationalen Regierungen geradezu zur Bedrohung erklärt. Denn die Grenzöffnung ist angeblich vor allem eines: gefährlich. Flüchtlinge, Einwanderer, Drogensüchtige und Kriminelle werden in einem Atemzug genannt. Sie sind die Begründung dafür, die alten Kontrollen mit neuen Methoden aufrechtzuerhalten und noch zu verschärfen. Europa wird, mit vereinten Kräften der nationalen Regierungen, mit Angst besetzt. Und dabei könnte, sollte, müßte Europa für einen neuen demokratischen Schub stehen. Europa müßte zeigen, wie ein demokratischer Dialog entsteht. Statt dessen zeigt die EU, wie Demokratie in der Anonymität von Brüssel verschwindet. Die Macht, die aus den nationalen Parlamenten abwandert, kommt im Europäischen Parlament nicht an. Sie wird eingesperrt in der Rue de la Loi in Brüssel, dort wo die anderen Machthaber sitzen und ihre Macht mästen. Die Spitzen der nationalen Verwaltungen reisen aus den europäischen Hauptstädten an, erklären sich in Brüssel zur Legislative, schreiben sich ihre eigenen Gesetze, die sie dann, in ihre Länder zurückgekehrt, ausführen – und wenn dort Kritik laut wird, erklären sie, daß man gegen den mächtigen Gesetzgeber in Brüssel nichts machen könne.

Europa soll seinen Bürgerinnen und Bürgern nicht Angst und Schrecken einjagen, sondern Geborgenheit und Hoffnung geben. Europa soll eine Schutzgemeinschaft sein, in der die Grundrechte garantiert sind. Europa soll das Leben der Menschen friedlicher und sicherer machen. Aber warum handelt diese Europäische Union eigentlich nicht danach? Warum passiert dann zum Beispiel unter dem Deckmantel der Maastricht-Kriterien das Gegenteil? Kann und darf es sein, daß soziale und demokratische Errungenschaften abgebaut werden, um diese Kriterien zu erfüllen? Die große Mehrheit der Menschen soll leiden, damit die Wirtschaft florieren und ein realistischer Zeitplan eingehalten werden kann. So entfernt sich Europa weit weg von seinen Bürgerinnen und Bürgern. Es wächst ein antieuropäisches Bewußtsein, und es wird weiter wachsen, weil die Menschen das Gefühl haben, nur Schachfiguren auf dem europäischen Brett zu sein in einem Spiel, bei dem Industrie und Wirtschaft gewinnen.

Die Menschen fragen uns: »Wozu brauchen wir die Währungsunion, wenn sie uns schon vor ihrer Einführung schadet?« Europa droht zu einer Keule zu werden, die das kaputtschlägt, was an sozialen und demokratischen Rechten in den letzten Jahrzehnten aufgebaut worden ist. Der Rat, der Klub der nationalen Regierungsinteressen, spielt mit dem Feuer, wenn er glaubt, die dringend notwendigen Schritte, die hin zu Gesamteuropa, zur sozialen Ökologie, zum Demokratieprinzip, d. h. auch zu Partizipation, Transparenz und Öffentlichkeit führen sollen, in Frage stellen zu können. Die Folge wäre die Renationalisierung von Politik und die Renaissance der Vaterländer. So ist heute der politische Kampf für ein bürgerrechtliches Fundament die Überlebensfrage der europäischen Integration. Die Mitgliedsländer, die Regierungen werden lernen müssen, daß Demokratie die europäische Entwicklung nicht stört, sondern ihre Grundvoraussetzung ist.

Das Klima ist rauher geworden, auch im Europäischen Parlament. Es ist rechtslastiger geworden, u. a. wegen der Wahlen im Oktober 1996 in Österreich mit erdrutschartigen Erfolgen von Haider und seinen »Freiheitlichen«, bei denen Freiheit eines ganz bestimmt nicht ist: die Freiheit des Andersdenkenden. Haider ist die massive Verstärkung für rechtsextreme und rassistische Parteien, wie LePens Front National, wie Vlams Blok aus Belgien, wie die italienischen Faschisten.

Die Tendenz zur Renationalisierung der europäischen Politik verstärkt sich auch in anderen Parteien. Der Versuch der nationalen Regierungen, die Parlamentarier ihrer Parteien an die kurze Leine zu nehmen, ist jeden Tag spürbar. Je mehr Einfluß das Parlament bekommt, desto kürzer wird die Leine. Aber dieses Parlament darf nicht zur Fortsetzung und Forcierung nationaler Politik mißbraucht werden.

Maastricht I hat das Demokratiedefizit in der EU verschärft. Deswegen muß Maastricht II vor allem zu einem Großprojekt gegen Brüsseler Absolutismus werden. Es darf nicht das Europa der Pfeffersäcke werden – ein Europa, in dem sich der alte Kapitalismus die Globalisierungsmaske aufsetzt und einen neuen Siegeszug antritt.

Es gilt den sozialen Rechtsstaat gegen den unsozialen Unrechtsstaat zu verteidigen und auszubauen. Das kann allein auf nationaler Ebene schon lange nicht mehr gelingen. Wenn man aber für die europäische Einigung ist, darf man die Wirtschafts- und Währungsunion nicht so konzipieren, daß sie, statt zu einigen, die Union in Mitglieder erster und zweiter Klasse spaltet. Die Wirtschaftsunion muß auch eine Sozial-, Umwelt- und Beschäftigungsunion sein. Folglich müssen als Kriterien auch die Arbeitslosenquote und ein Index für nachhaltiges Wirtschaften gelten. Es gilt also, zu verhindern, daß eine rücksichtslose Ellenbogengesellschaft sich noch breiter macht. Verantwortliche

Politik in Deutschland und in Europa muß anrennen gegen die Berei-
cherungssucht, die immer mehr Menschen an den Rand drängt und
ihnen das zerstörerische Gefühl einredet, an ihrem »Schicksal« selbst
schuld zu sein. Seien es Flüchtlinge, Odachlose, Sozialhilfeempfänger,
Arbeitslose, behinderte und alte Menschen.

Europäisierung braucht ein gesundes Fundament: wirtschaftliche
Kooperation, ökologische Vernunft, soziale Solidarität, regionale Entwicklung, die Demokratisierung der Gesellschaft. Und wer Europäisierung will, der muß ein friedliches, ein ziviles Europa bauen, das Sicherheit bietet und bei seinen Nachbarn Vertrauen weckt. Europa
muß seinen Beitrag zur weltweiten Abrüstung leisten, indem es damit
bei sich selbst beginnt, anstatt Exportweltmeister von Rüstungsgü-
tern, von Waffen zu sein (solche Geschäfte werden auch dann nicht
humaner, wenn z. B. Menschenrechtsverwalter Klaus Kinkel sie als
»Kritischen« Dialog ausgibt; was davon zu halten ist, weiß mittlerweile auch die deutsche Justiz – siehe das Urteil des Berliner Kammerge-
richts im Mykonos-Prozeß).

Wir müssen Sicherheit ganz anders definieren, und dabei können
uns die neuen EU-Mitglieder Finnland, Schweden und Österreich helfen. Ihre und die irische Tradition der Neutralität ist für uns eine
Chance und nicht ein Problem. Europäische Sicherheitspolitik ist
nicht die Militarisierung der EU durch die Einbeziehung der WEU,
nicht die Erweiterung der NATO, nicht die Wiederbelebung des
Gleichgewichts des Schreckens. Sicherheit, das ist vor allem ökologische, soziale und demokratische Sicherheit, und Sicherheit basiert auf
der gesamteuropäischen Perspektive, nicht auf der Festung EU.

Die CDU mit dem Kanzler voran bläst sich zu Hause als die Eu-
ropapartei auf, blockiert aber in Brüssel z. B. fortschrittliche Umwelt-
und Sozialpolitik und die Demokratisierung der Institutionen. Diese
Europapolitik muß überwunden werden: Nicht mehr Profite, sondern mehr Demokratie, mehr Solidarität und mehr ökologische Verantwortung. Unsere Vision ist: Mehr Europa und mehr Demokratie.
Doch ich meine, es ist gar keine Vision, es ist eine Überlebensfrage.

Norman Paech

Militärmacht Deutschland?
Über soziale und militärische Sicherheit

> »Was für eine Welt könnten wir bauen, wenn wir
> die Kräfte, die ein Krieg entfesselt, für den Aufbau
> einsetzen? [...] Wir müssen uns stellen, für die Sache
> des Friedens die gleichen Opfer zu bringen, die wir
> widerstandslos für die Sache der Krieges gebracht
> haben.«[1]   *Albert Einstein (1932)*

Sicherheit ist uns teuer – nicht nur die soziale, sondern auch die militärische Sicherheit. Jahrzehntelang ist der Zusammenhang von Rüstungsfinanzierung und Sozialausgaben in der Politik der Bundesrepublik tabuisiert worden – und auch die »Erfurter Erklärung« hat dieses Thema nicht aufgenommen, obwohl wir intensiv darüber diskutiert haben. Das lange ungestörte Nebeneinander der beiden wichtigsten und teuersten Politikbereiche »Rüstung und Soziales« hat sich schon lange in ein Gegeneinander, einen Widerspruch gewandelt. Rüstung und Bundeswehr blieben dabei allerdings immer in der Sphäre des Unberührbaren, und die verschwiegene Konfrontation ging bisher nie zu Lasten der Rüstungspolitik. Wenn aber bereits 1985 das Resümee einer wissenschaftlichen Veröffentlichung lautete: »Rüstung in dem für notwendig gehaltenen Ausmaß und soziale Sicherheit geraten – anders als in den 70er Jahren – mehr und mehr in einen ökonomischen Gegensatz: In Zukunft wird beides nicht mehr zu haben sein«,[2] so ist Ende der 90er Jahre dieses Stadium erreicht.

Als sich die Bundesrepublik noch unmittelbar durch die Staaten des Warschauer Paktes bedroht sah, setzte sie 1990 im Einzelplan 14 ihres Haushaltsplanes noch 57,5 Milliarden DM für ihre nationale Si-

---

1 A. Einstein: Warum Krieg? (1932), Zürich 1996, S. 13 f.
2 R. Steinweg (Red.): Rüstung und soziale Sicherheit, Frankfurt a. M. 1985, S. 9.

cherheit ein. Als diese Bedrohung durch die Selbstauflösung des Gegners verschwand, senkten Regierung und Parlament die Militärausgaben bis auf 46,3 Milliarden im Jahre 1997. Die »militärische Sicherheit« verlor ohne Feind Sinn und Bedeutung. Gleichzeitig eskalierten die Probleme der sozialen Sicherheit im Staat derart dramatisch, daß die Sparpolitik zum einzigen politischen Terrain wurde, auf dem sich die großen Bonner Parteien noch in gleicher Tonlage trafen. Doch der um seinen größten Feind und gleichzeitig einzigen wahren Legitimationsgrund gebrachte Verteidigungsetat wurde wenig in die Sparaktionen einbezogen.

Das hängt zum einen von der Entscheidung ab, was die beiden Sicherheiten – die soziale, die militärische – einem wert sind. Zum anderen muß man sich klar darüber werden, was man unter der jeweiligen Sicherheit verstehen will. Diese Fragen waren in der Zeit des Kalten Krieges und der Blockkonfrontation kaum strittig. Obwohl die Bundesrepublik bei ihrer Gründung auf einen eigenen Militärapparat verzichtet hatte, sah die Regierung Adenauer von Anfang an den Aufbau eigener Streitkräfte als einen unverzichtbaren Schritt auf dem Wege zur vollen Souveränität an, um sich an der Verteidigung der »freien Welt« im Rahmen der westlichen Allianz zu beteiligen. Mit der Ratifizierung des Beitritts zur NATO und WEU am 27. Februar 1955 durch den Bundestag war dieser Schritt vollzogen. Jetzt bedurfte es nur noch der verfassungsrechtlichen Absicherung. So nähte der Bundestag am 6. März 1956 einige zusätzliche Artikel an den verschiedensten Stellen in das Gewebe des Grundgesetzes. Durch den Buchstaben a blieben diese Zusätze kenntlich, die die Aufgaben und Kontrolle der Streitkräfte sowie das Verhältnis der Staatsbürger zu ihnen regelten.

Die Einsatzmöglichkeiten der Bundeswehr wurden streng auf die Landesverteidigung beschränkt, wie es aus Art. 87a Abs. 2 GG hervorgeht: »Außer zur Verteidigung dürfen die Streitkräfte nur eingesetzt werden, soweit dieses Grundgesetz es ausdrücklich zuläßt.« Eine derartige ausdrückliche Ausnahme ist jedoch in der Verfassung nicht enthalten. Im Gegenteil: Art. 115a umschreibt und begrenzt den Verteidigungsfall äußerst präzise darauf, »daß das Bundesgebiet mit Waffengewalt angegriffen wird oder ein solcher Angriff unmittelbar droht«. Es bedurfte also schon einiger interpretatorischer Großzügigkeit, den Einsatz der Bundeswehr auch für den Fall eines Angriffs gegen einen anderen NATO-Staat zu begründen. Darüber hinaus jedoch, darüber waren sich alle – bis 1994 – einig, konnte es keine Einsatzaufgaben für das westdeutsche Militär geben. Das genügte allerdings auch, denn es erlaubte die ungehinderte Teilnahme am Rüstungswettlauf (Nuklearwaffen ausgenommen) und den Aufbau eines imposanten Drohpotentials, um an der Politik der Abschreckung glaubhaft teilnehmen zu können. Trotz steigender Massenarbeitslosigkeit in den 80er Jahren, anhaltender hoher Staatsverschuldung und sinkender ziviler Ausgaben blieb die Finanzierung der Aufrüstung seit 1982 an der Spitze der Haushaltspräferenzen der Bundesregierung. Bezieht man nach NATO-Kriterien auch die Finanzmittel für die Stationierungskräfte, Militärruhegehälter, NATO-Verteidigungs- und -Ausrüstungshilfe, Beiträge zum Zivilhaushalt der NATO sowie die Kosten für den Bundesgrenzschutz und den Wehrbeauftragten ein, so stiegen die Kosten im Jahr 1990 sogar auf 68,4 Milliarden DM.[3] Die Verteidigungsausgaben orientierten sich eben »in erster Linie an der Bedrohung und nicht an der Finanzkraft des Bundes«, wie es seinerzeit Verteidigungsminister Manfred Wörner ausdrückte. Er vergaß, die Rüstungsindustrie zu erwähnen, die ihr Interesse unverblümt mit Arbeitsplätzen und dem Wert der Militärforschung für die zivile Technologie ins rechte Licht rückte. Beide Argumente sind inzwischen zwar wissenschaftlich widerlegt, aber ebenso hartnäckig wie verbreitet in den alten Parteien. Mit der angeblichen Beschäftigungswirkung von Rüstungsaufträgen hatte schon 1893 der damals angesehene SPD-Abgeordnete Max Schippel für die Zustimmung der SPD zu den Militärausgaben geworben – ziemlich unbeeindruckt von der scharfen Kritik der jungen Sozialdemokratin Rosa Luxemburg.

Zwar gibt es noch die Rüstungsindustrie, aber nicht mehr die Bedrohung. Letzteres hat die Bundesregierung seit 1990 mehrfach bestätigt. Im Januar 1992 erklärte Verteidigungsminister Stoltenberg, »daß in Europa militärische Konflikte, die für Deutschland und seine Bündnispartner existenzgefährdende Dimensionen annehmen können, zunehmend unwahrscheinlich werden«. In den von seinem Ministerium im November 1992 herausgegebenen Verteidigungspolitischen Richtlinien wird es noch deutlicher: »Deutschland liegt nicht mehr in unmittelbarer Reichweite eines zur strategischen Landnahme befähigten Staates. Das deutsche Sicherheitsdilemma der Nachkriegs-

---

3   Für die Zahlen und Berechnungen in diesem Beitrag danke ich Tobias Pflüger von der Informationsstelle Militarisierung (IMI) in Tübingen.

zeit, nukleares Schlachtfeld zu werden, hat sich aufgelöst. Deutschland ist nicht länger Frontstaat. Statt dessen ist es heute ausschließlich von Verbündeten umgeben [...] Für Deutschland ist die existentielle Bedrohung des Kalten Krieges irreversibel überwunden.«[4]

Mit dem Verschwinden der Bedrohung waren die Chancen für Alternativen in der Sicherheitspolitik, für Abrüstung und Konversion plötzlich so groß wie nie zuvor seit dem Zweiten Weltkrieg. Aber sie kamen wohl zu plötzlich, um einen grundlegenden Paradigmawechsel zu Lasten des Militärischen einzuleiten. Gewiß, die Bundeswehr wurde von 490 000 auf 340 000 Soldaten verkleinert, Übungsaktivitäten wurden eingeschränkt, und das Abkommen zur Reduzierung der konventionellen Streitkräfte in Europa von 1990 (KSE) verhieß substantielle Abrüstungs- und Rüstungskontrollfortschritte. Der Einzelplan 14 ist reduziert worden, doch nach NATO-Kriterien gibt die Bundesrepublik heute immer noch 57,95 Milliarden DM für Militär und Rüstung aus. Und jeder weiß, daß die neue Bundeswehrstrategie keine Fortsetzung dieser Tendenz erlaubt.

Anstatt die militärische Option im außenpolitischen Instrumentarium allmählich in den Hintergrund zu drängen, rehabilitieren die programmatischen Dokumente der westlichen Sicherheitspolitik den Gebrauch der Gewalt und das Mittel des Krieges. Nicht kollektive Kriegsverhütung und Friedenssicherung unter der Autorität der Vereinten Nationen, sondern Friedenserzwingung und Intervention sind die aktuellen Konzepte, die nach nationalen Interessen ausgerichtet sind. Man mag auch dies einen Paradigmawechsel nennen; zumindest liegt dieser Strategie ein neues, gleichsam um 90 Grad gedrehtes Bedrohungs- und Sicherheitsszenario zugrunde: Der West-Ost-Konflikt ist vom lange latenten Nord-Süd-Konflikt abgelöst worden.

Diese Stoßrichtung ist schon lange vor dem Untergang des Warschauer Paktes in der Reagan-Administration entwickelt worden. Der definitorische Angelpunkt in den europäischen Dokumenten ist die Neubestimmung des Sicherheitsbegriffs. Er erschöpft sich nicht mehr in der territorialen Souveränität und Landesverteidigung (Art. 87 a, 115 a GG), sondern entfaltet sich zur weltweiten »Sicherheitsvorsorge als erweiterte Schutzfunktion«[5] der Streitkräfte. In den verschiedenen Dokumenten des Bundesverteidigungsministeriums von 1992 und

---

4 Bundesminister für Verteidigung 1992, 5-6, 10.
5 Weißbuch 1994, 39 Ziffer 254.

dem Weißbuch von 1994 wird die Warnung vor der Globalisierung
der Risiken und Gefährdungen für Deutschland mit der Forderung
nach globaler Risiko- und Bedrohungsanalyse und der Erweiterung
des Sicherheitsbegriffs über den militärischen Rahmen hinaus ver-
knüpft. Unter der Überschrift »Deutsche Sicherheitsinteressen« heißt
es in einem Papier des Bundesverteidigungsministeriums: »Unter Zu-
grundelegung eines weiten Sicherheitsbegriffs können die Sicherheitsinteressen für den Zweck dieser militärpolitischen Lagebeurteilung
wie folgt definiert werden: [...] Vorbeugung, Eindämmung und Been-
digung von Konflikten jeglicher Art, die die Unversehrtheit und Stabilität Deutschlands beeinträchtigen könnten [...] Förderung und Sicherung weltweiter politischer, wirtschaftlicher, militärischer und
ökologischer Stabilität – Aufrechterhaltung des freien Welthandels
und des Zugangs zu strategischen Rohstoffen.«[6] Und zwei Jahre später präzisiert das Bundesverteidigungsministerium in seinem Weißbuch: »Es ist ein Ansatz erforderlich, der für den konkreten Einzelfall
politische, wirtschaftliche, gesellschaftliche, soziale, ökologische sowie militärische Aspekte berücksichtigt. Im Rahmen einer ursa-
chenorientierten Politik zur Krisen- und Konfliktlösung kann auch
der Einsatz militärischer Mittel erforderlich werden, um Gewalt oder
Krieg zu verhindern, einzugrenzen oder zu beenden.«[7]

Es fällt nicht schwer, die Globalität der Risiken einzusehen. Auch
die deutsche Volkswirtschaft kann ihren Erdölbedarf nicht aus der
Lüneburger Heide decken. Was aber hat die Bundeswehr mit der
»Förderung und Sicherung weltweiter wirtschaftlicher und ökologischer Stabilität« oder der »Aufrechterhaltung des freien Welthandels
und des Zugangs zu strategischen Rohstoffen« zu tun? Derartige Vorstellungen kennen wir aus dem Zeitalter der Kanonenboot-Politik
und seinen US-amerikanischen Ausläufern bis in die jüngste Vergangenheit. Für die Bonner Außenpolitik sind sie jedoch neu und begründen den nicht von der Hand zu weisenden Vorwurf einer zunehmenden Militarisierung der deutschen Politik.

Nicht unschuldig an dieser Entwicklung ist das Bundesverfassungsgericht. Sein zweiter Senat verwies die neuen weltweiten Aufgaben
und Einsatzpläne der Bundeswehr, die nun wahrlich nicht mehr mit

---

6 Militärpolitische und Militärstrategische Grundlagen und Konzeptionelle Grund-
   richtung der Neugestaltung der Bundeswehr, 1992.
7 Weißbuch 1994, 39 Ziffer 256.

den alten Artikeln des Jahres 1956 (87 a und 115 a GG) in Einklang zu
bringen waren, nicht etwa an den legitimierten Verfassungsgeber, den
Bundestag, um durch ihn eine einwandfreie verfassungsrechtliche
Grundlage im Grundgesetz zu schaffen oder die Pläne an der erforder-
lichen Zweidrittelmehrheit scheitern zu lassen. Es legitimierte die
Planungen nachträglich durch den Hinweis auf Art. 24 GG, der die
Integration der Streitkräfte in ein System gegenseitiger kollektiver Sicherheit und die Übertragung von Souveränitätsrechten erlaubt. Um
die zukünftigen weltweiten Aktivitäten der Bundeswehr aber damit
nicht auf das wohl derzeit einzige kollektive Sicherheitssystem mit
einer militärischen Komponente, die UNO, zu beschränken, erklärte
es gleichzeitig die alten Instrumente des Kalten Krieges, die NATO
und die WEU, zu Systemen kollektiver Sicherheit. Es ist bisher un-
bekannt, was sich der zweite Senat des Bundesverfassungsgericht bei
seiner Entscheidung gedacht hat, die nun den Einsatz der Bundeswehr
an allen Ecken und Enden der Erde mit einem einfachen Mehrheits-
votum des Bundestages erlaubt (bei Gefahr im Verzuge genügt sogar
eine Regierungsentscheidung), während für den Einsatz an den eigenen Grenzen zur unmittelbaren Landesverteidigung entsprechend
dem alten Artikel 115 a GG aber eine Zweidrittelmehrheit des Parla-
ments erforderlich ist.

Die Aufwertung der Streitkräfte zu einem neben der Diplomatie
und der Wirtschaftspolitik gleichberechtigten Instrument der Außenpolitik hat schon jetzt deutlich wahrnehmbare Auswirkungen auf die
Streitkräfte- und Rüstungsplanung. Nicht Konversion und Abrüstung, sondern Neuorganisation und Umrüstung ist die Devise. Dazu
gehören die Wiederbelebung und militärische Ausrüstung der WEU
auf der Basis deutsch-französischer »rapid reaction forces«, sog. Kri-
senreaktionskräfte, die Bildung verschiedener binationaler Korps und
Eingreiftruppen, immer neuer hochspezialisierter und effektiver
Kommandoeinheiten wie das in Calw stationierte »Kommando Spe-
zialstreitkräfte« (KSK), eine »Para-Kommandobrigade für den Gueril-
lakampf« (»Die Welt«) mit »Tropentauglichkeit« und Eignung für
den »Kampf unter arktischen Bedingungen«, sowie die zahlreichen Beschaffungsprogramme für neue Rüstungsprojekte. Dabei ist
der Eurofighter 2000 zweifellos das spektakulärste, da seine Anschaffung mit ca. 26 Milliarden DM nicht nur das teuerste Rüstungspro-
jekt seit Gründung der Bundesrepublik ist, sondern die Betriebsko-
sten die Haushalte der nächsten vier Jahrzehnte nach Schätzung des

Bundesrechnungshofes sogar mit mehr als 100 Milliarden DM belasten werden – ohne daß eine Bedrohung der Bundesrepublik in absehbarer Zeit erkennbar ist. Jeder Einkommenssteuerzahler hat für Anschaffung und Betrieb dieses Flugzeugs im Durchschnitt fast 3 000 DM beizutragen, während gleichzeitig die Sozialhilfe drastisch gekürzt wird – eine bizarre Form der Lastenumverteilung! Der Bundeswehrplan 1997 listet 26 weitere Großvorhaben für insgesamt 128,5 Milliarden DM auf, die vor allem für die neuen weltweiten Einsätze der Streitkräfte notwendig sind. Dies sind nicht schlichte Modernisierungsinvestitionen, die etwaige Lücken in der Landesverteidigung schließen sollen, sondern Neuausstattungen, die der ehemalige westdeutsche Botschafter Hans Arnold eine zweite Wiederbewaffnung genannt hat. Rund ein Drittel der Ausgaben für diese Rüstungsvorhaben sieht der Bundeswehrplan für die Jahre bis 2001 vor – eine Steigerung der jährlichen Ausgaben allein für militärische Beschaffungen von derzeit sechs Milliarden DM auf neun Milliarden DM im Jahre 2001. Das wird sich nicht alles im Einzelplan 14 unterbringen lassen, sondern in anderen Einzelplänen versteckt werden müssen – so wie die eine Milliarde DM, die 1998 für den Eurofighter direkt aus dem Finanzetat kommen soll.

So hat das Ende des Kalten Krieges die fällige Friedensdividende nicht in Projekte politischer kollektiver Friedenssicherung fließen lassen. Den bescheidenen 5,3 Millionen DM für die Organisation für Sicherheit und Zusammenarbeit in Europa (OSZE) im Haushaltsansatz für 1996 standen zum Beispiel 65 Millionen DM für türkische Kriegsschiffe im Haushalt 1995 gegenüber. Die Militärpolitik ist seit 1990 auf dem Weg zu anderen Ufern und soll nun mit der Diplomatie gemeinsam die Außenpolitik gestalten – ein Rückfall in Clausewitz' Zeiten. Die Chance, Rußland fest in ein kollektives Sicherheitsbündnis einzubinden, wird zugunsten einer fragwürdigen und kostspieligen Ausdehnung der NATO nach Osten verspielt. Fragwürdig, weil sie die Spaltung Europas aufrechterhält. Die Verschiebung des militärischen Gleichgewichts zugunsten des Westens – die Stationierung nuklearer Waffen wird nicht ausgeschlossen – treibt Rußland in die alte Blockkonfrontation zurück; die russische Regierung hat immer wieder darauf hingewiesen. Kostspielig, da mit diesem Schritt nicht nur die Hoffnungen auf nukleare und konventionelle Abrüstung sich wieder auflösen, sondern allein die NATO-Erweiterung nach Berechnungen der US-Regierung mindestens 35 Milliarden DM bis 2009 zusätzlich von den Mitgliedsländern fordert. So übernimmt auch in der Abwicklung des Kalten Krieges das Militär die Zügel der Außenpolitik. Es nötigt der russischen Regierung Bedingungen auf, die zuallererst die Bedeutung von Militär und Rüstung unantastbar machen, die Folgen für Demokratie und Frieden aber dem frommen Wunsch überläßt.

Was die derzeitige Debatte um die schon Jahre andauernde Plünderung der zivilen Haushalte – ob es sich um Arbeit und Sozialordnung, Jugend, Familie und Gesundheit oder Bildung und Wissenschaft handelt – so schwer erkennen läßt, ist das Primat der Außenpolitik, dem sich die Regierung Kohl nach der Vereinigung Deutschlands verschrieben hat..Den Platz am Tisch der Großen, den sie auf Grund der Leistungsfähigkeit der Volkswirtschaft zweifellos längst hat, möchte sie durch gleichwertige militärische Präsenz absichern. In klassischen Kategorien ist eine Weltmacht offensichtlich immer noch militärisch definiert und der Preis für einen ständigen Sitz im Sicherheitsrat durch den militärischen Einsatz an den Brennpunkten der westlichen Interessen zu erbringen. Inwieweit dies wirklich von den Partnern der Allianz gefordert wird, wie es immer wieder zur Begründung heißt, mag dahingestellt bleiben, entscheidend ist, daß es die Bundesregierung so will. In dieser Situation haben Klagen über den dürftigen Ausrüstungsstand der Bundeswehr wesentlich mehr Wirkung als Armutsreports und die monatlichen Zahlen über steigende Arbeitslosigkeit: Der Rüstungsetat wird tabuisiert, der Sozialetat ausgehöhlt.

Landesverteidigung ist nach dem Grundgesetz immer noch die einzige Aufgabe der Bundeswehr. Ihre Planer und Rüstungslobbyisten haben diesen Auftrag allerdings schon lange hinter sich gelassen. Eine Verfassung kann man ändern – aber auch eine Militärplanung. Für jene braucht man eine Zweidrittelmehrheit im Bundestag – für diese nur eine einfache Mehrheit, um eine neue Regierung zu bilden. Allerdings muß diese Mehrheit Abschied von dem Glauben nehmen, daß Krisen und Gefahren nur militärisch verhindert und gelöst werden könnten und es zum Weltmachtstatus der Bundesrepublik gehöre, weltweit militärisch zu intervenieren. Wir sprechen vom »Verzicht auf Feindbilder« in unserer Erklärung und meinen damit auch, daß der Verlust eines Feindbildes im Osten nicht mit dem Aufbau neuer Feindbilder im Süden und Südosten kompensiert werden darf.

Alexander Gaede

Die Umweltzerstörung ist noch aufzuhalten

Seit 100 Jahren warnen Naturschützer vor den naturzerstörenden Folgen der Industrialisierung. Sie wurden kaum wahrgenommen. Eine Wende brachte das Europäische Naturschutzjahr 1970. Natur- und Umweltschutz war in nun aller Munde. Weltweite Beachtung fand die Studie des Club of Rome über die Grenzen des Wachstums. Die Menschen fühlten sich durch Dreck und Gift bedroht. Die Politik reagierte mit einem Bündel von Umweltgesetzen, und die Industrie bewies, daß sie in der Lage ist, auf klare Vorgaben zu reagieren.

Doch Artenschwund, Waldsterben, Belastung des Grundwassers und der Meere, die Ausdünnung der Ozonschicht und die Erderwärmung setzen sich fort: deutliche Signale dafür, daß bloß nachsorgender Umweltschutz, so notwendig er war und bleibt, nicht ausreicht.

Dies wird besonders deutlich an dem für die Erderwärmung verantwortlichen »Treibhausgas« CO_2, das bei der Energieerzeugung aus Kohle, Öl und Gas freigesetzt wird. Es ist von keinem Filter abzufangen. Was nicht von den Weltmeeren und der terrestrischen Biomasse aufgenommen wird, geht in die Luft und verändert das in Jahrmillionen entstandene, durch die natürlichen Stoffkreisläufe im Gleichgewicht gehaltene Klima, ohne das Leben nicht möglich ist.

Die durch Emissionen angerichteten Schäden an Gesundheit, Gebäuden, im Wald werden auf jährlich 200 bis 600 Milliarden DM geschätzt. Wo die ökologische, wo die ökonomische Grenze des Wachstums liegt, kann niemand genau sagen. Außer Zweifel steht aber, daß es so wie bisher nicht weiter gehen kann und darf.

Auf der Konferenz der Vereinten Nationen für Umwelt und Entwicklung 1992 in Rio de Janeiro haben sich 170 Industrie- und Entwicklungsländer verpflichtet, alles zu tun, um weiterer Umweltzerstörung entgegenzuwirken.

Die Industrieländer, die mit 20 Prozent der Weltbevölkerung 80 Prozent der Ressourcen verbrauchen, haben die Pflicht zu schnellem

Handeln. Ihr Lebensstandard, nicht die hohe Bevölkerungszahl in den
Entwicklungsländern, ist Hauptursache der Umweltschäden. Sie müssen eine Wirtschaftsform entwickeln, die unbedenklich von den Ländern der Dritten Welt übernommen werden kann. Denn würden deren Bewohner alle so leben wie die Minderheit der Wohlstandsbürger,
wäre der Kollaps vorprogrammiert.

Da die Bundesregierung bisher versäumt hat, konkrete Handlungs-
ziele zur Umsetzung der Beschlüsse von Rio zu formulieren – schon
jetzt steht fest, daß das Ziel, den CO_2-Ausstoß bis 2005 um 25 Prozent zu reduzieren, nicht erreicht wird – hat das Wuppertalinstitut in
der vom Bund für Umwelt und Naturschutz Deutschland (BUND)
und vom kirchlichen Hilfswerk Misereor in Auftrag gegebenen Studie »Zukunftsfähiges Deutschland« versucht, diese Ziele für die Bundesrepublik zu formulieren, und zwar auf der Grundlage der Wert-
entscheidung »Die natürliche Umwelt muß für alle Menschen auf der
Erde und alle zukünftigen Generationen erhalten werden« und des
ökologischen Gesetzes »Die Nutzung erneuerbarer Ressourcen darf
nicht größer sein als ihre Regenerationsrate; die Freisetzung von Stoffen darf nicht größer sein als die Aufnahmefähigkeit der Umwelt.«

Da die Natur nur 13 bis 14 Milliarden Tonnen CO_2 aufnehmen
kann, darf bei 5,8 Milliarden Erdbewohnern die von einem einzelnen
Menschen verursachte Emission 2,3 Tonnen nicht übersteigen. Auf
der Basis solcher Vorgaben errechnet das Wuppertalinstitut für
Deutschland folgende Umweltziele: Bis 2050 muß die Verwendung
fossiler Brennstoffe und nicht erneuerbarer Rohstoffe um 80 bis 90
Prozent zurückgehen. Auch der Ausstoß von CO_2 muß um diesen
Prozentsatz gesenkt werden. Für Siedlung und Verkehr dürfen keine
neuen Flächen mehr belegt werden. Die Land- und Forstwirtschaft
muß flächendeckend auf ökologische, naturnahe Wirtschaftsweise
umgestellt werden.

Diese Umweltziele erscheinen nicht utopisch, wenn man sich vor
Augen hält, daß 80 Prozent der Weltbevölkerung in den Entwicklungsländern pro Kopf weniger Ressourcen verbrauchen, als die Studie einem Deutschen zugesteht. In der Studie »Zukunftsfähiges
Deutschland« werden Szenarien entwickelt, die den Lebensstandard
nicht oder nur wenig einschränken, den Verbrauch von Rohstoffen,
Energie und Fläche aber radikal vermindern würden.

Da die Bevölkerung in der Bundesrepublik stagniert und sowohl
Verkehr als auch Güterproduktion nach der Studie nicht mehr wach-

sen dürfen, muß die Bausubstanz durch Renovierung, Umbau, Ersatzbauten auf alter Fläche den wechselnden Bedürfnissen angepaßt werden. Und die vorhandenen Straßen reichen aus, wenn dem nicht motorisierten Verkehr mehr Raum gegeben und der Kraftfahrzeugverkehr zu Teilen von der Straße auf die Schiene verlagert wird.

Umfangreiche Forschungen bestätigen, daß die in der Studie geforderte Umstellung der Land- und Forstwirtschaft auf ökologischen Land- und Waldbau auf ganzer Fläche möglich ist. Sie braucht eine Übergangszeit. Bezahlbar ist sie durch Umwidmung der bereits jetzt gezahlten Agrarsubventionen von ca. zwei Milliarden DM pro Jahr.

Niedrige Preise haben einer verschwenderischen Nutzung von Energie und Rohstoffen Vorschub geleistet. Im Energiebereich ist es möglich, mit einem Fünftel des jetzigen Verbrauchs an Kohle, Öl und Gas in etwa die gleiche Leistung an Wärme, Kraft und Licht anzubieten, vorausgesetzt, daß zugleich Sonnen- und Windenergie erschlossen werden. Auf Atomenergie, die nur 2,2 Prozent des weltweiten Endenergiebedarfs deckt, kann dabei problemlos verzichtet werden. Schon jetzt brauchen moderne Kraftwerke ein Fünftel bis ein Drittel weniger Brennstoff als der Durchschnitt der derzeit betriebenen Kraftwerke. Bei gemeinsamer Erzeugung von Strom und Wärme können 25 Prozent Brennstoff gespart werden. Ein Niedrigenergiehaus nach schwedischem Standard braucht ein Viertel der in Altbauten verheizten Energie. Ein Gaskraftwerk stößt nur halb so viel CO_2 aus wie ein Braunkohlekraftwerk. (Garzweiler ist umweltpolitsch unverantwortlich.) Im Verkehr kann der Benzinverbrauch radikal gesenkt werden. Schon jetzt ist das Dreiliter-Auto technisch möglich. Um die Wirtschaft zu effizienterem Einsatz von Energie zu bewegen, ist die Ökosteuer das geeignete Instrument. Ökologisch widersinnig ist hingegen die derzeitige Steuerbefreiung des Flugbenzins.

Bei ökologischer Herstellung von Gütern würde die Einsparung natürlicher Ressourcen eine ähnliche Dimension erreichen wie im Energiebereich. Werden weniger Güter verbraucht, sinkt zwangsläufig der Materialverbrauch. So wird die Umwelt geschont, wenn die Lebensdauer der Konsumgüter durch bessere Qualität, Pflege und Reparaturfreundlichkeit verlängert wird und die im Produkt verwendeten Materialien nach Gebrauch wiederverwendet werden. Im Abfallrecht muß die Verwertung absoluten Vorrang erhalten. Häufiger Modellwechsel, auch der durch Ökoauflagen provozierte, ist kontraproduktiv. Nicht nur die Energie, auch die Rostoffe müßten durch

Abgaben oder Steuern verteuert werden – zum Ausgleich für eine
Senkung der Lohnnebenkosten.

Ein anderes wirksames Steuerungsinstrument sind die Subventionen. Statt Kohle und Atom müßten die erneuerbaren Energien, statt
der konventionellen Landwirtschaft müßte Ökolandwirtschaft subventioniert werden. Doch die Energieversorgungskonzerne, die am
Stromverkauf verdienen, sperren sich gegen die Einführung erneuerbarer, dezentral einsetzbarer Energien. Die Funktionäre des Bauern-
verbandes legen dem ökologischen Landbau Steine in den Weg. Die
Chemieindustrie sieht sich von der Ökosteuer bedroht. Ihr Einfluß
ist unverhältnismäßig groß. Das Handwerk, das zehn mal mehr Arbeitsplätze anbietet als die Chemie, und zwar gerade im zukunftsfähi-
gen Bereich der Dienstleistungen, meldet sich kaum zu Wort. Der
Wirtschaft insgesamt werden die notwendigen strukturellen Änderungen Kostenvorteile bringen. Was sowohl der Umwelt als auch der
Volkswirtschaft als ganzer dienlich ist, darf nicht länger durch einzelne Verbände und Branchen behindert werden.

Für die Umwelt ist aber nichts gewonnen, wenn die eingesparten
Potentiale wieder zur Ausweitung der Produktion genutzt werden.
Nachhaltiger Erfolg wird nur zu erreichen sein, wenn sich zugleich
das Konsumverhalten der Bürger ändert. Ein wesentlicher Teil der
menschlichen Bedürfnisse kann ohne materielle Güter über Dienstleistungen, auf jeden Fall mit sehr viel geringerem Aufwand an materiellen Gütern befriedigt werden. Wie viele teuer erkaufte Dinge liegen
nutzlos herum. Warum muß es immer das neueste Modell sein, wenn
das alte alles leistet, was man braucht. Der Rückgang der Einkommen
wird viele zwingen, sehr viel sorgfältiger mit den Dingen umzugehen.

Es geht nicht um Verzicht. Es geht um einen dem Menschen ge-
mäßen Umgang mit Gütern, Raum und Zeit. Der Mensch ist mehr
als nur »Verbraucher«. Nutzen und Genießen ist angesagt. Gut leben
statt viel haben, kommunizieren von Mensch zu Mensch statt kon-
sumieren. Allerdings wird eine durch Werbung, Mode, Gewohnheit
langsam aber sicher entwickelte Abhängigkeit vom Konsum, die par-
tiell schon die Formen der Sucht hat, den notwendigen Wandel er-
heblich behindern.

Die Verlagerung wirtschaftlicher Produktivkräfte von der Güter-
produktion zur Dienstleistung liegt im langfristigen ökonomischen
Trend. Gewinnen wird das Handwerk, das durch Wartung, Pflege,
Reparatur, Renovierung die Dauer der Nutzung von Gütern verlän-

gert. Gewinnen werden Dienstleister, die die Nutzung von Gütern durch eine Mehrzahl von Personen organisieren wie Car-sharing, Leasing, aber auch Waschsalons, Copyshops, Secondhandläden, Tauschbörsen. Auch die Umorientierung von Stromversorgern zu Anbietern von Wärme, Licht und Kraft gehört hierher. Es bedarf noch einiger Phantasie, um herauszufinden, welche Rahmenbedingungen die Dienstleistungen gegenüber der Güterproduktion stärken können.

Es gibt viele Möglichkeiten, um die Umweltzerstörung wenigstens zu verlangsamen. Wirklich aufgehalten werden kann sie nur durch eine völlige Neuorientierung der Wirtschaft. Das bedeutet: Die Wegwerfmentalität überwinden, das quantitative Wachstum beenden. Die auf Wachstum programmierte kapitalistische Marktwirtschaft ist – jedenfalls gegenwärtig – nicht in der Lage, sich auf eine derartig radikale Änderung einzustellen. Die auf Produktion und Verteilung materieller Güter angelegten Wirtschaftssparten werden gemeinsam mit den an der Sicherung der Besitzstände interessierten Kräften in Politik und Medien grundlegende Änderungen im Wirtschaftssystem zu verhindern suchen.

Eine verantwortungsbewußte Politik muß ohne Zögern durch Einführung der Ökosteuer, Anhebung der Mineralölsteuer und Umlenkung der Subventionen Signale für einen sparsamen Umgang mit den natürlichen Ressourcen setzen – Signale, die marktkonform sind und deshalb von der Wirtschaft verstanden und umgesetzt werden können. Die Entscheidungen müssen so eindeutig und unverrückbar sein, daß sich jede Spekulation auf eine Rücknahme oder Milderung verbietet.

Diese Maßnahmen werden erst nach einer längeren Übergangsfrist greifen. Deshalb kann auf die klassischen Instrumente des Umweltschutzes zur Begrenzung des Schadstoffausstoßes und zur konsequenten Sicherung wertvoller Biotope auf keinen Fall verzichtet werden. Bei jedem neuen Gesetz ist die Alternative zu wählen, die den geringsten Ressourcenverbrauch verspricht.

Widerstand gegen Straßenneubau, Müllverbrennung, überhaupt gegen jeden Zugriff auf natürliche Ressourcen, z. B. auch gegen Genmanipulation, bremst die Umweltzerstörung.

Die grundlegende Wende hin zu einem anderen Verhältnis des Menschen zur Natur und seinen eigenen Bedürfnissen ist nur in einem gesamtgesellschaftlichen Prozeß zu erreichen. Er wird langwierig und mühsam sein, weil der auf Änderung gerichtete Druck bisher nicht ausreicht. Es fehlt die unmittelbare Betroffenheit. Die schleichende Umweltzerstörung ist nicht sichtbar, die Zukunft ist fern. Die Natur selbst hat keine Lobby.

Umweltpolitik hat keine Chance, wenn sie nicht integraler Bestandteil aller Politikbereiche wird – der Wirtschaftspolitik ebenso wie der Bildungs- und der Entwicklungspolitik.

Es sind Bündnisse zwischen Umwelt- und Entwicklungsverbänden, Kirchen, die mit dem konziliaren Prozeß für Gerechtigkeit, Frieden und Bewahrung der Schöpfung bereits auf dem Wege sind, und Gewerkschaften notwendig. Die in der alternativen Medizin, dem ökologischen Landbau, einer auf Paradigmenwechsel setzenden neuen Naturwissenschaft und in gesellschaftlichen Randgruppen erkennbaren Ansätze für zukunftsfähiges Denken und Handeln müssen in den gesamtgesellschaftlichen Prozeß einbezogen werden.

Änderungen brauchen den gesellschaftlichen Konsens. Wenn die Politik nicht den Mut hat, selbst die Weichen zu stellen – obwohl schon jetzt 80 Prozent der Bevölkerung überzeugt sind, daß der Schutz der natürlichen Umwelt für das Leben der Menschen notwendig ist, und von der Politik zukunftsfähige Lösungen erwarten –, so hat die Politik doch mindestens die Aufgabe, den gesamtgesellschaftlichen Prozeß zu fördern und zwischen den beharrenden und den auf Veränderung ausgerichteten Kräften zu vermitteln. Der Einfluß, den die unterschiedlichen Gruppen auf die politischen Entscheidungen ausüben, muß transparent gemacht werden. Innovativen Ideen ist eine reelle Chance zu geben. Ein Beharren auf Besitzständen und in alten Strukturen schadet nicht nur der Umwelt, sondern auf Dauer auch dem vielbeschworenen Standort Deutschland.

In einem an wissenschaftlichen und technischen Kenntnissen reichen und wohlhabenden Land muß es doch möglich sein, in den kommenden 50 Jahren durch eine qualitative Entwicklung Wohlstand für alle mit einem sehr viel niedrigeren Ressourcenverbrauch zu erreichen, nachdem es gelungen ist, über den Weg des quantitativen Wachstums einen noch vor zwei Generationen unvorstellbaren Reichtum zu schaffen. Mit Verantwortungsbewußtsein, Phantasie und Mut kann die natürliche Umwelt, die Grundlage allen Lebens ist, auch für zukünftige Generationen bewahrt werden.

Rolf Gössner

Grundrechte-Zerfall und Demokratie-Abbau
Auf dem Weg in einen autoritären »Sicherheitsstaat«?

Sie sind unersättlich und scheuen keine bürgerrechtlichen Kosten. Kaum haben sie abermals aufgerüstet, rüsten sie schon wieder nach – so treiben es die modernen Extremisten der »Inneren Sicherheit« seit Jahrzehnten, jahraus, jahrein. Unablässig den »inneren Feinden« auf der Spur: Waren es früher Kommunisten, später »Linksextremisten« und »Terroristen«, so sind es heute vor allem »Organisierte Kriminelle«, »kriminelle Ausländer«, die »rechte Gewalt«, überhaupt die »dramatisch wachsende (Gewalt-)Kriminalität«, die als publikumswirksame Legitimation für ihre Nachrüstungsmaßnahmen dienen. Gegenwärtig scheint der »Sicherheitsstaat« in dem Maße aufgerüstet zu werden, wie der Sozialstaat abgetakelt wird.

Schwindendes Sicherheitsgefühl

Schon in den sozialliberalen 70er Jahren war – insbesondere im Zuge der sog. Terrorismusbekämpfung – die rechtsstaatliche und bürgerrechtliche Substanz in der Bundesrepublik schwer beeinträchtigt worden. Seit der deutschen Einheit scheint der individuelle Hunger nach Sicherheit in der Bevölkerung rasant zugenommen zu haben. Er scheint unstillbar geworden in einer Zeit der sozialen, ökonomischen, psychischen Unsicherheiten, der verschärften ökonomischen Krise und Verteilungskämpfe in einer nach rechts driftenden Gesellschaft, in einer Zeit der Massenarbeitslosigkeit und eines rigorosen Sozialabbaus, in einer Welt technologischer und ökologischer Gefahren sowie zahlloser kriegerischer Auseinandersetzungen nach dem Ende des Kalten Krieges, in einer Welt mit verstärkten Wanderungsbewegungen als Folge des verschärften Wohlstandsgefälles zwischen Nord und Süd, zwischen West und Ost.

Solche unsicheren Zeiten sind denkbar schlecht für eine liberale Rechts- und Innenpolitik, wie sie die größer gewordene Bundesre-

publik dringend nötig hätte. Statt dessen erleben wir einen dramatischen Grundrechte-Zerfall und Demokratie-Abbau. Der wachsenden Unsicherheit und Ungerechtigkeit wird mit der Keule der
»Inneren Sicherheit« begegnet, mit Polizeiaufrüstung, Geheimdienst-
Expansion und Strafrechtsverschärfungen, mit Verdeckten Ermitt-
lern, Großem Lauschangriff und beschleunigten Verfahren immer
nach der Formel: Je weniger soziale Sicherheit, desto mehr »Innere Sicherheit«. Das Gefühl der (sozialen) Unsicherheit in der Bevölkerung scheint erfolgreich in eine alles überwuchernde Kriminalitätsfurcht umfunktioniert worden zu sein – eine Furcht, die von
konservativen und rechtsgerichteten Parteien und Teilen der Medien
fleißig geschürt wird.

Neueste Nachrüstungskollektion

Die Bestandteile der neuesten Nachrüstungskollektion im Bereich der
»Inneren Sicherheit« sind beschlossene Kabinettssache, liegen im
Entwurfsstadium vor oder sind vom Bundestag bereits verabschiedet:
z. B. die abermalige Verschärfung des Ausländer- und Asylverfahrens-
rechts, die sog. Hauptverhandlungshaft zur Sicherung der Hauptverhandlung im beschleunigten Verfahren, das Gesetz zur Legalisierung
des Großen Lauschangriffs; auf europäischer Ebene die Installierung
von Europol ohne demokratische Kontrolle, wobei die Europolizi-
sten Immunität genießen sollen, d. h. für unzulässige Handlungen
nicht belangt werden können ...

Mit erleichterter Abschiebung gegen Ausländerfeindlichkeit

Die seit Jahren betriebene Politik mit der Angst vor »Asylantenflut«,
»Asylbetrügern« und »kriminellen Ausländern« hat längst gegriffen:
Ihren ersten großen Erfolg konnte diese Politik der Verunsicherung
mit der faktischen Abschaffung des Asylgrundrechts einfahren. Nun
wird auf dieser Grundlage gegen die Fremden nachgekartet.
    Alle Ausländer, auch jene, die bisher einem besonderen Auswei-
sungsschutz unterlagen (anerkannte Asylberechtigte, im Bundesgebiet
geborene Ausländer), müssen künftig abgeschoben werden, falls sie
wegen irgendwelcher Straftaten zu einer Freiheitsstrafe von insgesamt
mindestens drei Jahren (bisher fünf) verurteilt worden sind. Das bedeutet: Sogar die Abschiebung von anerkannten Asylberechtigten in

ein Verfolgerland ist möglich, ebenso die Verbannung von hier gebo-
renen, aufgewachsenen und straffällig gewordenen Ausländern.

Künftig müssen Ausländer zwingend abgeschoben werden, wenn
sie wegen Landfriedensbruchs zu einer Freiheitsstrafe ohne Bewährung verurteilt worden sind. Selbst ohne rechtskräftige Verurteilung
können Ausländer abgeschoben werden, wenn sie an einer gewalttätigen, verbotenen oder aufgelösten Demonstration teilgenommen haben. Anlaß für diese Gesetzesverschärfung waren die gewalttätigen
Auseinandersetzungen mit Kurden, die in Deutschland längst zu
Feinden gemacht worden sind.

Zur Begründung dieser Verschärfung des Ausländerrechts heißt es
in dem ursprünglichen Gesetzentwurf der Regierungskoalition: »Die
Begehung von Straftaten durch Ausländer [...] wird von Deutschen
und Ausländern vielfach verurteilt und kann zu einer unerwünschten
pauschalen Negativbeurteilung der hier lebenden Ausländer führen.«
Deshalb sei es geboten, die Aufenthaltsbeendigung – Ausweisung und
Abschiebung – von ausländischen Straftätern zu erleichtern. Ja,
schaut her: Die Bundesregierung tut etwas gegen Ausländerfeindlich-
keit ... Und die SPD stimmte zu.

Neuer Haftgrund: Hauptverhandlungshaft für Bagatell-Täter

Diese beschlossene Neuregelung sieht vor, daß auf frischer Tat er-
tappte (mutmaßliche) Straftäter künftig für eine Woche in Untersu-
chungshaft genommen werden können, wenn in dieser Zeit die
Hauptverhandlung eröffnet werden kann. Ein traditioneller Haftgrund, wie Flucht- oder Verdunkelungsgefahr, muß nicht gegeben
sein. Insbesondere »Kleinkriminelle« – Ladendiebe, Schwarzfahrer,
sog. reisende Demo-Täter – sollen mit dieser Möglichkeit in Windes-
eile verurteilt werden können. Dies habe, so die Gesetzesbegründung,
»erhebliche erzieherische und abschreckende Wirkung« – vor allem
auch auf »gewalttätige Demonstranten« oder auf Fußballrowdies.

Die Unschuldsvermutung, die so lange gilt, bis die Schuld nach einem ordentlichen Verfahren erwiesen ist, schließt nach einer Entscheidung des Bundesverfassungsgerichts aus, selbst bei noch so drin-
gendem Tatverdacht im Vorgriff auf die Strafe Maßregeln zu verhän-
gen, die ihrer Wirkung nach einer Freiheitsstrafe gleichkommen. Die
Hauptverhandlungshaft verstößt daher gegen den verfassungsrechtlichen Verhältnismäßigkeitsgrundsatz, denn sie trifft vorwiegend dieje-

nigen, gegen die ansonsten – mangels Haftgrund – keine U-Haft verhängt werden könnte und die als Bagatell-Täter keine Freiheitsstrafe
(ohne Bewährung) zu erwarten haben. Selbst bei Mord- und Tot-
schlagsvorwürfen müssen zum dringenden Tatverdacht noch spezielle
Haftgründe kommen, um eine U-Haft zu rechtfertigen. Das heißt:
Der wegen eines Bagatelldelikts beschuldigte Täter kann leichter in-
haftiert werden als der einer schweren Tat Verdächtige. Im übrigen
wird in der Bundesrepublik schon ohne diese Möglichkeit viel zuviel
U-Haft verhängt; die Gefängnisse sind überfüllt.

Die neue Haftmöglichkeit baut auf einer bereits mit dem Verbre-
chensbekämpfungsgesetz von 1994 legalisierten Beschleunigung des
Strafverfahrens auf: Bei »einfachen Sachverhalten« und einfacher Be-
weislage kann mit den Beschuldigten kurzer Prozeß gemacht werden,
sofern ihnen im Höchstfall ein Jahr Freiheitsentzug droht. Der Ein-
reichung einer Anklageschrift soll es dann nicht mehr bedürfen; die
Zuordnung eines Verteidigers ist erst von einem Strafrahmen von
sechs Monaten an vorgesehen; das Beweisantragsrecht kann eingeschränkt, Zeugen und Sachverständige brauchen vor Gericht nicht
mehr gehört zu werden. Damit wurden wesentliche Grundsätze des
Strafprozeßrechts ausgehebelt und die Beschuldigtenrechte eingeschränkt.

Aushöhlung des Grundrechts auf Freizügigkeit

Auch die Grundrechte auf Freizügigkeit und auf Versammlungsfrei-
heit werden weiter ausgehöhlt: Während der gewalttätig verlaufenen
»Chaos-Tage« 1995 in Hannover verhängte die Polizei etwa 2000
Platzverweise und Aufenthaltsverbote. Von den über 2000 Besuchern
wurden etwa 1200 Personen in polizeilichen Gewahrsam genommen,
also über die Hälfte. Die Polizei agierte damals mit ihren Aufenthaltsverboten ohne spezielle rechtliche Grundlage quasi im rechtsfrei-
en Raum – lediglich gestützt auf die Generalklausel im Polizeigesetz.

1996 beschritt das SPD-regierte Niedersachsen einen neuen Weg
der präventiven Intoleranz: Erstmalig wurde in einem bundesdeut-
schen Polizeigesetz das Aufenthaltsverbot legalisiert. Diese Regelung
ergänzt die bislang schon in ganz Deutschland legalisierten (kurzfri-
stig und kleinräumig gedachten) polizeilichen Platzverweise. Die neue
Norm hat folgenden Wortlaut:

»Rechtfertigen Tatsachen die Annahme, daß eine Person in einem
bestimmten örtlichen Bereich eine Straftat begehen wird, so kann ihr

für eine bestimmte Zeit verboten werden, diesen Bereich zu betreten oder sich dort aufzuhalten, es sei denn, sie hat dort ihre Wohnung. Örtlicher Bereich [...] ist ein Ort oder ein Gebiet innerhalb einer Gemeinde oder auch ein gesamtes Gemeindegebiet [...]«

Mit dieser recht unbestimmten Regelung kann die Polizei ohne gerichtliche Anordnung ganze Städte gegen unliebsame Individuen und Bevölkerungsgruppen abschotten – nicht nur gegen Punks, die Randale machen könnten, sondern auch gegen Drogenabhängige, denn die könnten ja dealen, gegen Sozialhilfeempfänger oder Sintis und Roma, denn die könnten ja klauen, überhaupt gegen Ausländer, denn die könnten gegen Strafbestimmungen des Ausländerrechts verstoßen, gegen Kurden, denn die könnten gegen das PKK-Verbot verstoßen, aber auch gegen Bettler, Obdachlose und Nichtseßhafte, denn die könnten etwa auf Baustellen oder in Hausfluren nächtigen (Hausfriedensbruch) – um nur einige Beispiele zu nennen.

Diese Ermächtigung beschränkt die grundgesetzlich garantierte Handlungsfreiheit und Freizügigkeit nach Art. 2 und Art. 11 Grundgesetz. Aufenthaltsverbote können auch die Demonstrationsfreiheit beeinträchtigen, sie im Extremfall sogar aushebeln.

Bei den »Chaos-Tagen« 1996 wurde diese Vorschrift erstmals angewandt. Die »Sicherheit und Ordnung« in Hannover wurde mit einem großflächigen Versammlungsverbot, mit einem Großaufgebot von über 6 000 Polizeibeamten – doppelt so viel wie 1995 –, mit über 2 000 Platzverweisen und Aufenthaltsverboten aufrechterhalten. Die Polizei verstieß dabei gegen den Verfassungsgrundsatz, daß niemand allein etwa wegen seiner Haarfarbe oder Kleidung benachteiligt werden darf, indem sie Platzverweise und Aufenthaltsverbot beispielsweise mit »punkertypischem« bzw. »punkerähnlichem Aussehen« oder »der Punk-Szene zuzuordnen« begründete. Das Polizeigesetz wurde in diesen Fällen in eklatant diskriminierender Weise angewandt.

Platzverweise, Aufenthaltsverbote und Unterbindungsgewahrsam entpuppen sich nicht nur während solcher »Chaos-Tage« als Instrumente der »Szene(n)bekämpfung«. Sie sind Instrumente der sozialen und politischen »Säuberung« von Innenstädten, Konsummeilen, bestimmten »besseren« Stadtteilen und Wohngegenden: »punkerfrei«, »junkiefrei«, »pennerfrei«, »bettlerfrei«.

So werden unliebsame Bevölkerungsgruppen ausgegrenzt und vertrieben. Die Polizei exekutiert die gesellschaftliche Spaltung in schützenswerte, anständige Konsumbürger auf der einen und störende

Bürger minderen Rechts auf der anderen Seite. Die Zwei-Drittel-Ge-
sellschaft findet ihren polizeilichen Ausdruck.

Das permanente Nachrüsten, Verbieten, Ausgrenzen und Wegsper-
ren folgt einem einfallslosen, hilflosen, verhängnisvollen Konzept,
mit dem sich Regierungen und Polizeiführungen ein Armutszeugnis
ausstellen. Statt Ausgrenzung und Drohgebärden ist eine Verbesserung von Lebensqualität und Lebensperspektiven für sozial Schwache, insbesonders für Jugendliche gefragt. In bestimmten Bereichen
wie in der Drogenpolitik sind Entkriminalisierung und in politischen
Konfliktfällen konsequente Deeskalation vonnöten; dazu gehört auch
ein kritischer Dialog mit den betroffenen Szenen und Gruppen.

Wanze mit Verfassungsrang

Auch im »Kampf gegen die Organisierte Kriminalität« (OK) – die
große Legitimationsformel der Neuzeit – konnte die herrschende Sicherheitspolitik schon große Nachrüstungserfolge verbuchen: Mit
dem Gesetz zur Bekämpfung der OK (OrgKG 1992) und dem Ver-
brechensbekämpfungsgesetz (1994) wurde der Grundstock für ein
OK-Sonderrechtssystem geschaffen, dessen geheimpolizeiliche Komponente nun u.a. mit dem Großen Lauschangriff ausgebaut werden
soll. Nachdem sich CDU/CSU, FDP und SPD in einer Großen Koalition der »Inneren Sicherheit« zur abermaligen Demontage des
Grundgesetzes verabredet und sich geeinigt haben, das Grundrecht
auf Unverletzlichkeit der Wohnung mit einer satten Zweidrittelmehrheit auszuhebeln, steht dem Einzug der elektronischen Wanze in
das Arsenal der Polizeifauna zum Zwecke der Strafverfolgung nur
noch wenig im Wege.

Nach der Aushebelung des Asylgrundrechts setzt sich der rechts-
staatlich inszenierte Zerfall der Grundrechte weiter fort – auf dem
Weg zur »Waffengleichheit« mit dem »Organisierten Verbrechen«.
Verfassungsrechtliche Grenzen werden überschritten, wenn der Polizei geheimdienstliche Befugnisse – Verdeckte Ermittler, V-Leute,
Lausch- und Spähangriff etc. – zugestanden und den Geheimdiensten
(im Bereich der OK) polizeiliche Aufgaben übertragen werden. Das
verfassungsgemäße Gebot der Trennung von Polizei und Geheimdiensten wird offen zur Disposition gestellt und eine verfassungswidrige Geheim-Polizei billigend in Kauf genommen.

Viele verunsicherte BürgerInnen in Deutschland halten auch den nun propagierten Großen Lauschangriff für hilfreich und gut im Kampf gegen die OK. Wer fragt noch nach der Effizienz, die selbst von Polizeipraktikern als gering eingestuft wird? Wer weiß schon, daß die als »elektronische Aufklärungsmittel« getarnten Abhörgeräte zur Prävention, zur Abwehr von (schwerwiegenden) Gefahren, in den allermeisten Bundesländern längst zugelassen und in Gebrauch sind? Wer interessiert sich für die rechtsstaatlichen Kosten einer weiteren Invasion der Wanzen und des Einsatzes von Richtmikrophonen und Laserstrahlen? Anscheinend schreckt die braven Bürger nicht einmal der exzessive Umgang mit der Telefonüberwachung in Deutschland, die trotz richterlicher »Kontrolle« jährlich fast siebentausend Mal durchgeführt wird (1996). Millionen von Gesprächen auch vollkommen unverdächtiger Personen werden dabei abgehört – von Verwandten, Bekannten, Freunden und Zufallskontakten mutmaßlicher Straftäter. Kommunikationsüberwachung ist eine »breit streuende Waffe«, weshalb auch die Wanze, hat sie erst Verfassungsrang, kaum zu bremsen sein wird.

»Enttabuisierung«: Auf dem Weg in ein autoritäres Regime?

Die (zeitweise) wachsende Kriminalität, das hoch dramatisierte organisierte Verbrechen und die »kriminellen Ausländer« beherrschen seit Jahren die politische Debatte, die zuweilen geradezu hysterische Züge annimmt. Die fleißig geschürte, überschießende Kriminalitätsfurcht verstärkt den in der Bevölkerung ohnehin vorhandenen Hang zu einfachen »Lösungen«, autoritären Maßnahmen, »hartem Durchgreifen«. Bekanntlich besitzt die Begriffstrias »Sicherheit, Ruhe und Ordnung« für die Ohren des deutschen Volkes traditionell einen besonderen Wohlklang. Für ihre Durchsetzung nähme manche Stammtischrunde – nicht nur im CDU/CSU-Milieu – auch ein autoritäres Regime in Kauf.

Soziale Unzufriedenheit und Enttäuschungen nach der Vereinigung Deutschlands, drohende Deklassierung, Wohlstandschauvinismus, autoritäre Psychostrukturen, latent bis manifest vorhandene rechtsgerichtete Stimmung und Fremdenangst in der Bevölkerung – diese hochexplosive Gemengelage bildet den Nährboden, auf dem eine Politik der »Stärke«, der Diskriminierung und Dehumanisierung ihre rechten Früchte trägt. Auf diesem Nährboden staatsautoritärer Fixierung und mangelnder bürgerlich-demokratischer Tradition feiert die konservative Sicherheitskonzeption eines hochgerüsteten »starken Staates«, die »frohe Botschaft der entfesselten Staatsgewalt« (Klaus Günther) populistische Triumphe – während übriggebliebene liberale Zweifler, gleichermaßen als »Bedenkenträger« und »Verharmloser« desavouiert, massiv unter Druck gesetzt werden. Selbst bislang als (links-)liberal geltende Kräfte und ehedem staatskritische Geister scheinen angesichts dieses Drucks zunehmend bereit, bürgerrechtliche und liberal-rechtsstaatliche Positionen im Kampf gegen die »neuen Bedrohungen« nach und nach zu räumen. »Enttabuisierung« ist auch in diesem Bereich angesagt – wie sonst ließe sich einer »Gesellschaft der Gewalt« (Konrad Weiß), dem alltäglichen »Bürgerkrieg« in den großen Städten (Hans Magnus Enzensberger) noch begegnen?

Freiwillige »Polizeihelfer« und »Ermittlungsgehilfen«?

Im Zuge dieser Enttabuisierung schwinden Vorbehalte gegenüber Geheimdiensten, und die Hilferufe nach mehr Polizei und schärferen Gesetzen werden schriller. Geheimpolizeiliche »verdeckte Ermittler« oder (noch) verfassungswidrige Lauschangriffe finden im Kampf gegen die organisierte Drogenkriminalität oder gegen Neonazis neue Freunde, die in ihrer Hilflosigkeit glauben, den Verheißungen der Sicherheitspolitiker folgen zu müssen, um der »neuen Unsicherheit« begegnen zu können.

Statt die überfällige Auflösung der Geheimdienste einzufordern, statt die faktische »Allzuständigkeit« der Polizei abzubauen und damit auch die Verpolizeilichung der Gesellschaft zu stoppen, werden an Geheimdienste, Polizei und Strafrecht immer neue Anforderungen gestellt – auch von Liberalen, (ehemaligen) Linken, Antifaschisten: Quasi »gesellschaftskritisch« gewendet und umgewichtet, wird da manch kritischer Geist zum Polizeihelfer – etwa in Sachen Rechtsradikalismus und Umweltkriminalität, organisierte Drogenkriminalität und Waffenhandel, Korruption und Steuerdelikte, Verstöße gegen die sexuelle Selbstbestimmung etc. Diese Art polizei- bzw. strafrechtsdominierter Versuche zur »Bewältigung« grundsätzlicher ökonomisch-sozial-psychischer Defizite und Struktur-Probleme bedeutet letztlich – abgesehen vom bloßen Kurieren an Symptomen – eine heillose Überforderung von Polizei und Strafjustiz. Eine solche entpolitisierende »Sicherheitspolitik« wird sich rasch als Einfallstor entpuppen für eine alte Strategie, die gerade in liberalen, grünen und linken Kreisen eigentlich verpönt sein sollte: nämlich die polizeiliche »Lösung« sozialpolitisch verursachter Probleme und Konflikte. Und infolge dieser Strategie werden dann noch weitere Strafrechtsverschärfungen, der weitere Abbau von Beschuldigtenrechten, die weitere Lockerung des Datenschutzes und die weitere Aufrüstung der Polizei und der Geheimdienste nicht lange auf sich warten lassen – klammheimlich akzeptiert auch von ungewohnter Seite, wenn es nur die »Richtigen« trifft, der »guten Sache« dient. Dieses instrumentelle Verhältnis zu Bürgerrechten und rechtsstaatlichen Standards ist erschreckend weit verbreitet; es zeigt sich übrigens auch im Zuge der »Aufarbeitung« der DDR-SED-Stasi-Vergangenheit.

Ein solches (Miß-)Verständnis macht letztlich blind und wehrlos gegenüber jenen Gefahren, die von einem hochgerüsteten und weitgehend entfesselten staatlichen Gewaltapparat drohen können.

Was dieses Land dringend benötigt, sind tiefgreifende strukturelle Veränderungen in Staat, Wirtschaft und Gesellschaft – in Richtung von mehr sozialer Gerechtigkeit und mehr demokratischer Teilhabe. Doch die Bonner Politik geht seit Jahren in eine andere Richtung, und zwar verstärkt seit der deutschen Einheit. Neben der Verkürzung von Verfahrensrechten und der Beschränkung von Rechtsmitteln im Straf- und Zivilverfahren werden insbesondere im Umwelt- und Naturschutzbereich Mitwirkungsrechte der Bürgerinnen und Bürger mit sog. Beschleunigungs- und Rechtsvereinfachungsgesetzen zurückgestutzt (zunächst erprobt in den neuen Bundesländern, dann auf das gesamte Bundesgebiet ausgedehnt). Es geht dabei in erster Linie um den »(Wirtschafts-)Standort Deutschland«, der durch Straffung und Vereinfachung von Verfahren gesichert werden soll: etwa mit Hilfe des »Verkehrswegeplanungsbeschleunigungsgesetzes« (1991), des »Genehmigungsverfahrensbeschleunigungsgesetzes« (1996), des »Gesetzes zur Beschleunigung und Vereinfachung immissionsschutzrechtlicher Genehmigungsverfahren« (1996) und des neuen, aufgeweichten Atomgesetzes (1997). Doch regelmäßig geht diese Art von »Beschleunigung« und »Vereinfachung« auf Kosten demokratischer Rechte der Öffentlichkeit. Mühsam errungene Umwelt- und Beteiligungsstandards werden abgebaut.

Was dieses Land dringend benötigt, ist eine deutliche Absage an die Dominanz polizeilicher bzw. strafrechtlicher Lösungsversuche. Ein allmähliches Zurückdrängen der Polizei aus ihrer allzu häufig akzeptierten und geforderten »Allzuständigkeit«, aus sozialen und politi-

schen Problem- und Konfliktfeldern ist notwendig und auch verant-
wortbar, wenn es verbunden wird mit der parallelen Entwicklung so-
zialverträglicher Einrichtungen und Maßnahmen. In kaum einem anderen Land der Welt gibt es im Verhältnis zur Bevölkerungszahl so
viele Polizisten wie in Deutschland. Diese Polizeidichte und die
enorm gestiegenen Finanzmittel müssen – entgegen dem permanenten
Trend – reduziert werden.

Es gibt in der Bundesrepublik viele Initiativen und Gruppen, die
sich mit dem Thema »Innere Sicherheit« auseinandersetzen, auf Bür-
ger- und Menschenrechte pochen und nach Demokratisierung von
Staat und Gesellschaft streben. Die meisten von ihnen lassen sich auf
einen bürgerrechtlich zugespitzten »Kampf um Verfassungspositio-
nen« (Wolfgang Abendroth/Jürgen Seifert) ein. Ihre Methode ist die
aufklärerische Öffentlichkeitsarbeit. Nur wenige – etwa das Komitee
für Grundrechte und Demokratie – initiieren auch Aktionen zivilen
Ungehorsams, etwa gewaltfreie Blockaden von Militäreinrichtungen
oder Aktionen gegen Abschiebeknäste. Insgesamt betrachtet und ge-
wertet, so der Politikwissenschaftler Wolf-Dieter Narr, »vermochten
die Bürgerrechtsgruppen nicht mehr, aber auch nicht weniger, als
Sand in das Getriebe einer politischen Maschinerie zu werfen, die all-
zusehr nach dem Motto funktionierte, daß Bürger- und Menschenrechte nur dann zu beachten seien, wenn sie dem etablierten System
herrschender Interessen nützten« (Bürgerrechte & Polizei, 1/1995,
S. 6). Diese Gruppen stellen eine ernst zu nehmende oppositionelle
Kraft dar, deren politische Wirkungen durch eine zumindest partielle
Zusammenarbeit sowie durch eine gewisse Integration in politisch-
soziale Bewegungen gesteigert werden könnten. Als gemeinsames Projekt mehrerer Bürgerrechtsgruppen (Humanistische Union, Gustav-
Heinemann-Initiative, Komitee für Grundrechte und Demokratie
sowie Bundesarbeitskreis Kritischer Juragruppen) erschien 1997 erstmals der »Grundrechte-Report«, der nun jährlich als »eine Art alternativer Verfassungsschutzbericht« deutlich machen soll, »daß die
Grundrechte und die freiheitlich demokratische Grundordnung nicht
von Bürgern und ihren Organisationen gefährdet und vom Staat (den
Verfassungsschutzbehörden) geschützt werden muß, sondern daß
umgekehrt die Gefährdungen von öffentlichen Institutionen ausgehen
und der Schutz der Verfassung durch die Bürger selbst geleistet werden muß« (Till Müller-Heidelberg).

Eckart Spoo

Kultur und Bildung – für wen?

Sage niemand, in Deutschland werde nicht viel Geld für Kultur ausgegeben. Man sehe sich nur Zeitungen wie die »Frankfurter Allgemeine Zeitung« oder die »Welt« an. Der Kunstmarkt füllt dort allwö-
chentlich viele Seiten. Allein was die Anzeigen kosten, summiert sich
zu Millionenbeträgen. Und mit den Preisen, die dort verlangt und geboten werden, machen Händler Milliardenumsätze. Gefragt sind
nicht nur Antiquitäten einschließlich der Überreste zerstörter über-
seeischer Kulturen; auch Werke einzelner lebender Künstler werden
hoch gehandelt. Was dem Prestige dient, kann nicht teuer genug sein.
Und wenn man es nicht aufstellt oder aufhängt, weil es nicht zur übrigen Inneneinrichtung paßt, dann paßt es doch allemal in den Safe.

Kultur, die »Ansteckblume am Staatsfrack« (Günter Grass), wird
zu Werbezwecken gebraucht wie eh und je. Dem König Mäzenas
folgten viele Mäzene, heute nennen sie sich Sponsoren. Schon ein
kleiner mittelständischer Unternehmer kann es sich dann und wann
leisten und muß es sich leisten können, Geschäftspartner in die Oper
einzuladen (zumal die Eintrittskarten zu 90 Prozent subventioniert
sind) oder zu einer Flugreise nach Hamburg mit Musical-Besuch oder
in die Arena von Verona. Wer eine große Plastik ankauft oder einen
Preis für Nachwuchskünstler stiftet, gewinnt Beachtung und Anerkennung in der Öffentlichkeit. Ein Automobilkonzern, der unter
seinem Emblem eine bekannte Rock-Band auftreten läßt, verschafft
sich Sympathie in jungen Käuferschichten. Die Kosten lassen sich allemal von der Steuer absetzen. Studenten von Kunstakademien,
Hoch- oder Fachschulen drängen in die Mode-, Werbe- und Unterhal-
tungsindustrie. Wenn das, was sie dort produzieren, Kultur ist, kann
insofern von Kulturabbau keine Rede sein.

Im Etat der Weltausstellung, die im Jahre 2000 in Hannover statt-
finden wird, sind rund 100 Millionen Mark für Kultur vorgesehen.
Der Zweck wird im Expo-Kulturprogramm (Faust I und II, gemeinsames Konzert von Pavarotti oder Carreras und den »Scorpions«, all-

abendliches Feuerwerk u. a.) mit Worten wie »Standort-Marketing«
angegeben. Für solche Zwecke fehlt es nie an Geld.

Wofür kein Geld da ist, bekamen nach 1989 zunächst die Ostdeutschen zu spüren. 1987/88 hatten laut statistischen Jahrbüchern auf
dem Gebiet der DDR 457 staatliche Kulturhäuser, 291 Kulturhäuser
von Industrie- und Landwirtschaftsbetrieben und 100 Kulturhäuser
gesellschaftlicher Organisationen bestanden, außerdem viele Hunder-
te Klubhäuser. Diese Einrichtungen (in denen gewiß nicht nur kulturell Wertvolles stattgefunden hatte, aber das brauche ich hier nicht zu
erörtern) waren schon 1993 zum großen Teil ersatzlos »abgewickelt«;
aus etlichen Kulturhäusern wurden Lagerhäuser.[1] Zwischen 1975 und
1987 hatte die DDR ihren Staatshaushalt für Kulturt um 76,3 Prozent
erhöht; die Zahl der Berufstätigen in den Kultur- und Klubhäusern
war in diesem Zeitraum von 73 000 auf 94 000, die Zahl der Veranstal-
tungen von 460 000 auf 740 000, die Zahl der Besucher von 56 Millionen auf 72 Millionen gestiegen. 30 000 Berufskünstler arbeiteten in
der DDR, darunter ca. 6 400 bildende Künstler, 1 000 Schriftsteller
und 500 Komponisten. 91 Theater mit 213 Spielstätten hatten jährlich
etwa zehn Millionen Besucher in 28 000 Vorstellungen.[2] Im Eini-
gungsprozeß sahen sich die meisten Ensembles mit der Forderung
konfrontiert, auf westdeutsches Niveau zu schrumpfen, soweit sie
überhaupt weiter existieren durften. Viele Ensembles bestehen inzwischen nicht mehr. Das Bibliothekswesen in der DDR war hoch entwickelt, die Filmproduktion hatte internationales Renommee, Kul-
turzeitschriften wie die »Weltbühne« erschienen in hohen Auflagen.
Von alledem ist wenig übriggeblieben. Auch von den großen Verlags-
lektoraten. Gewiß hatten sie staatsideologischer Steuerung der Litera-
turproduktion gedient, aber ihr Wirken hatte sich nicht darauf beschränkt. Von der Literaturförderung in der DDR profitierte damals
auch Westdeutschland, das nur wenig eigenen literarischen Nach-
wuchs hervorbrachte. Westdeutsche Verlage leisten sich in der Regel
nur einen minimalen Aufwand an Lektoratsarbeit und scheuen Investitionen in junge, unbekannte Autoren. Kritische DDR-Autoren –

---

1 Auf die historische Grundlage der Kulturhäuser in der sozial-reformerischen Volks-
   haus-Bewegung in den ersten Jahrzehnten des 20. Jahrhunderts wird hingewiesen in:
   S. Hain/M. Schroeder/St. Stroux: Salons der Sozialisten – Kulturhäuser in der
   DDR, Berlin 1996.
2 Siehe U. Schmode/E. Spoo/H. in der Wiesche: Zur Verteidigung der Kultur,
   Oschersleben 1995.

von Stefan Heym bis zu jungen »Dissidenten« – erreichten in Westdeutschland große Publikumserfolge, wozu die Medien kräftig bei-
trugen. Auch das hat sich geändert.

Bald beschränkte sich der Kulturabbau nicht mehr auf Ostdeutschland. In den westlichen Bundesländern beschleunigte er sich in den
90er Jahren ebenfalls. Einige Beispiele: In Frankfurt a. M. und in
Hamburg wurden kommunale Kinder- und Jugendtheater geschlossen. Die staatlich verordnete Erhebung von Eintrittsgeldern in staatlichen Museen führte zum Rückgang der Besucherzahlen um ein bis
zwei Drittel. Der Literaturetat des Landes Hessen schrumpfte 1996
fast auf Null. Ende 1996 verkündete die niedersächsische Kulturmini-
sterin Helga Schuchardt die Entscheidung, der Landesbühne Hannover, die viele kleine Häuser in der Provinz bespielt und »mit 28,3
Prozent Eigeneinnahmen bundesweit Spitze« (Intendant Wolfgang
Brehm) ist, die Landesmittel von jährlich 4,9 Millionen Mark zu
streichen. Der Bremer Senat beschloß im Februar 1997, für die sozio-
kulturellen Einrichtungen des Stadtstaates nur noch 3,2 Millionen
Mark aufzuwenden, 19 Prozent weniger als 1996 und 28 Prozent weniger als 1995.

Für die Kulturpolitik ist in Deutschland aus guten föderalistischen
Gründen nicht der Bund zuständig. Aber weil über Finanzen im wesentlichen zentral entschieden wird und weil die Länder und Gemeinden immer tiefer in Schulden versinken, wird auch und gerade
die Kultur zum Opfer der Bonner Entsozialisierungspolitik. In den
Länder- und vor allem in den Gemeindehaushalten bleibt, wenn alle
festen Zahlungsverpflichtungen, vor allem gegenüber den Banken, erfüllt sind, wenig Geld verfügbar. Kultur läßt sich dann leicht als ent-
behrlicher Luxus abtun. Aber was gestrichen wird, sind oft gerade
nicht die Prestigeobjekte, mit denen sich der Standort schmücken
will, sondern Möglichkeiten kultureller Partizipation für diejenigen,
die nicht alles selber kaufen können. Den Reichen macht es nichts
aus, wenn sie im Museum Eintritt zahlen müssen. Sie können es auch
verschmerzen, wenn öffentliche Bibliotheken geschlossen oder die
Anschaffungsetats gekürzt werden. Und ihnen kann es sogar ganz
recht sein, wenn einer Volkshochschule die Auflage erteilt wird, nur
solche Kurse zu veranstalten, deren Kosten sich durch die Teilneh-
mergebühren decken lassen. Dann treffen sich in der VHS die Zahn-
arztwitwen zur sprachlichen und kulturhistorischen Vorbereitung ihrer Sizilienreise, aber die Menschen, deren kulturelle und politische

Emanzipation ursprünglicher Auftrag der Volkshochschulen war,
bleiben draußen.

Die wichtigste Reform in der 40jährigen Geschichte der westdeutschen Bundesrepublik war die Bildungsreform der 60er und frühen
70er Jahre. Sie war von unterschiedlichen Interessen motiviert, unter
anderem von betriebswirtschaftlichem Interesse an Berufsanfängern
mit möglichst breiter, ausbaufähiger Allgemeinbildung. Der Enthusi-
asmus der Bildungsreformer drückte sich vor allem in der Erwartung
und Verheißung aus, wachsendes Bildungsniveau ermögliche mehr
und mehr Menschen eine aktive politische Mitwirkung; so werde sich
die Demokratie gleichermaßen wie der allgemeine Wohlstand entwickeln und festigen. 1975 erreichten die Bildungsausgaben einen Anteil von 5,5 Prozent am Bruttosozialprodukt. Doch bis 1992 ging dieser Anteil auf 4,3 Prozent zurück,[3] sank also um fast ein Viertel. Besonders hart traf es die Schulen, deren Anteil am BSP sich von 3,2
Prozent (1975) auf 2,2 Prozent (1992) verringerte. Und nach 1992
setzten die Regierungen und Parlamente die Streichungen am Bil-
dungsetat mit verstärkter Rigorosität fort. Die Klassen werden größer, der Stundenplan wird kleiner, Förderunterricht (für sozial be-
nachteiligte oder behinderte Schüler einerseits, speziell talentierte und
interessierte andererseits) entfällt. Den Reichen ist das gleichgültig; sie
schicken ihre Kinder auf Privatschulen, etwa auf Luxus-Internate in
der Schweiz.

Schon in der Grundschule, die eigentlich Chancengleichheit gewährleisten soll, beginnt die Selektion. Immer mehr Grundschüler in
Deutschland bekommen Nachhilfeunterricht. Wissenschaftler der
Universität Bielefeld berichteten im April 1997, eine repräsentative
Befragung in dieser westfälischen Stadt habe ergeben, daß bereits 14
Prozent aller Schüler der vierten Klassen privaten Zusatzunterricht
erhalten. Zuvor hatte die Bielefelder Forschergruppe bereits festge-
stellt, daß in den Jahrgängen sieben bis zehn jede fünfte Schülerin
oder jeder fünfte Schüler privat finanzierten Zusatzunterricht erhalten. Der Nachhilfeunterricht wird zu drei Vierteln von kommerziel-
len Instituten erteilt. Die beiden größten Filialketten betreiben nach
deren eigenen Angaben zusammen 1 600 Nachhilfeschulen in
Deutschland – mit der Tendenz schneller Vermehrung. Dazu kommen nach Schätzungen der Bielefelder Wissenschaftler noch einmal

---

3   W. Böttcher/K. Klemm (Hg.): Bildung in Zahlen, Weilheim/München 1995.

ebenso viele kleinere Institute. Die Motive der Eltern, durchschnittlich 40 Mark wöchentlich für zwei Stunden Privatunterricht zu zahlen, liegen nach Darstellung des Untersuchungsleiters Klaus Hurrelmann nicht nur in zunehmendem Leistungsdruck. Etwa ein Viertel der Schüler habe keine akuten Leistungsprobleme, sondern erhalte den Nachhilfeunterricht vorbeugend »in Dauerabonnement«. Für diejenigen Kinder, deren Eltern es sich nicht leisten können, Nachhilfeunterricht zu bezahlen, entstünden dadurch weitere Nachteile. Die Studie mahnt mehr Nachmittagsunterricht an den öffentlichen Schulen an; daran bestehe in Deutschland größerer Bedarf als in jedem anderen Industrieland der Welt.[4]

Doch in den Bildungsetats wird gerade das gestrichen, wofür mehr Lehrerstunden gebraucht würden. Trotz steigender Schülerzahlen werden die Lehrerzahlen reduziert, damit die Personalkosten sinken. Viele ausgebildete Pädagogen, für deren Ausbildung die Gesellschaft jahrelang gezahlt hat, sind nun arbeitslos. Die Arbeitszeit der Lehrer hat sich im Laufe des Jahrhunderts kaum verringert – anders als in fast allen Berufen, gerade im Staatsdienst. Gleichwohl schüren populistische Politiker Vorurteile gegen angeblich faule Lehrer, denen sie damit die Schuld an den Mißständen im Schulwesen zuschieben. (Von »faulen Säcken« sprach zum Beispiel der niedersächsische Ministerpräsident Gerhard Schröder.) Doch die Überforderung von Lehrerinnen und Lehrern mit den wachsenden sozialen und psychischen Problemen in größer werdenden Klassen führt dazu, daß viele mit Tinnitus, Depression und anderen Streß-Symptomen vorzeitig aus dem Beruf ausscheiden müssen.

Die westdeutsche Bildungsreform – die übrigens auch eine Reaktion auf den systematischen Ausbau des Bildungswesens in der DDR war, wo man auf diesem Wege große Bildungspotentiale erschließen, alte Bildungsprivilegien überwinden wollte – hatte vor allem ein schnelles Wachstum der Hochschulen zur Folge. Dank Ausbildungsförderungsgesetz (Bafög) gelangten mehr und mehr Kinder aus Arbeiterfamilien nicht nur zum Abitur, sondern konnten auch ein Universitätsstudium aufnehmen. Diese Entwicklung kam in den vergangenen Jahren zum Stillstand. Der Anteil der Studierenden, die Bafög-Zahlungen erhalten, ging seit Anfang der 70er Jahre um zwei Drittel zurück. Jetzt fordert der Präsident des Bundesverbandes der Deut-

---

4 Über die Studie berichtete die Frankfurter Rundschau am 15.4.1997.

schen Industrie, Hans-Olaf Henkel, die Einführung von Studienge-
bühren. Die Studierenden sollen mehrere tausend Mark jährlich zahlen. Seine Begründung »Was nichts kostet, ist auch nichts wert«[5] ist
ebenso böse wie falsch – oder haben Regen und Sonnenschein, Liebe,
Hilfe oder Dankbarkeit keinen Wert, solange sie nichts kosten?[6] Aber
das hindert Politiker aus mehreren Parteien nicht, sich Henkels Forderung zu eigen zu machen, und schon müssen die Studenten mehr
und mehr andere Gebühren zahlen, zum Beispiel Einschreibegebüh-
ren oder Leihgebühren für Bücher. An den hessischen Universitäten
schrumpfte im Jahr 1996 der Etat für den Ankauf von Publikationen
um 10,7 Prozent.[7] In Niedersachsen wurde in den vergangenen Jahren
ein Fernleih-System geschaffen, damit sich nicht alle Universitäten
umfassende eigene Bibliotheken aufbauen mußten, aber 1996 wurde
eine Fernleihgebühr von zwei Mark eingeführt, die sofort einen
Rückgang der Bestellungen um ein Drittel bewirkte. So trete nun »die
befürchtete Provinzialisierung der Forschung ein«, stellte der hannoversche Dekan für Geschichte und Sozialwissenschaften, Carl-Hans
Hauptmeyer, fest.[8]

Die deutsche Gesellschaft der 90er Jahre erlaubt sich auch eine
grobe Vernachlässigung der beruflichen Bildung. Viele Jugendliche
finden überhaupt keinen Ausbildungsplatz. Auf Wunsch und Druck
der Unternehmen wird zudem der Berufsschulunterricht verkürzt,
auch in sozialdemokratisch regierten Ländern (statt zwei Berufsschul-
tagen nur noch einer). Eine schmalspurige, von zeitweiligen Interessen einer Firma bestimmte Ausbildung ist jedoch angesichts des immer schnelleren technischen und sozialen Wandels längst nicht mehr
zeitgemäß. Hier zeigt sich in besonders gefährlicher Weise – gefährlich für den einzelnen Jugendlichen wie für die ganze Gesellschaft –
der Rückfall in die Zeit vor der Bildungsreform.

Nach diesem wenig erbaulichen Überblick möchte ich einige
Stichworte geben, die in einer sozial und demokratisch orientierten
bildungs- und kulturpolitischen Debatte beachtet werden sollten.

1. Wenn Standort-Politik irgendeinen guten Sinn haben soll, dann
muß sie die Infrastruktur der Gesellschaft stärken, an erster Stelle das
Bildungswesen. Die Wirtschaft fordert bei jeder Gelegenheit, daß der

---

5 Focus, 5/1997.
6 Vgl. den Beitrag von Hans-Joachim Maaz in diesem Buch.
7 Näheres in der Frankfurter Rundschau vom 23.12.1996, S. 20.
8 Hannoversche Allgemeine Zeitung vom 29.11.1996.

Staat günstige Rahmenbedingungen schaffen müsse. Für vordringlich halte ich, daß der Staat günstige Rahmenbedingungen für die Bildung schafft, damit möglichst viele Menschen ihre Fähigkeiten entfalten können. Je gebildeter sie sind, desto mehr können sie zum allgemeinen Wohlstand und zur Demokratie beitragen.

2. Die emanzipatorischen Ansätze der Bildungsreform dürfen nicht neoliberalem Sozialdarwinismus preisgegeben, sondern müssen weitergeführt werden. Dazu gehört die Gesamtschule, die das Prinzip der Chancengleichheit für alle Kinder ernst nimmt. Sie kann ihre Möglichkeiten und Vorteile aber erst zur Geltung bringen, wenn genügend Lehrer für Förderunterricht eingestellt werden. Wie die Schulen dürfen auch die Hochschulen, die Berufsausbildung und die Erwachsenenbildung nicht unter den bestimmenden Einfluß kurzfristiger Kapitalverwertungsinteressen geraten.

3. Wenn auf Grund des technischen Fortschritts immer weniger Erwerbsarbeit geleistet werden muß, bleibt um so mehr Freizeit: Zeit für soziales und demokratisches Engagement, für Bildung und Kultur. Darauf muß sich die Gesellschaft einstellen. Sie muß mehr Möglichkeiten bieten als Dauer-Fernsehen.

4. Wenn die Medien, größtenteils einer Handvoll Konzerne anheimgefallen, die Menschen zunehmend zu passiven Konsumenten dressieren und von den wichtigen gesellschaftspolitischen Fragen ablenken (geradezu tabuiert ist z. B. die neue Großmachtrolle Deutschlands), kann Demokratie schwerlich gedeihen. Eine vorrangige Aufgabe ist die Demokratisierung von Medienmonopolen.

5. Kultur ist pfleglicher Umgang mit dem, was wir vorfinden. »Wenn die Kultur geht, kommt die Gewalt« (Gerhard Zwerenz).[9] Kultur ist kollektive Erinnerung. Schändlich ist, daß im reichen vereinten Deutschland Gedenkstätten an Orten des Nazi-Terrors und des Widerstands verfallen oder geschlossen werden. Um so höher schätze ich die an verschiedenen Orten aus Bürgerinitiativen entstandenen »Geschichtswerkstätten«. Noch zu selten, scheint mir, wurde Robert Jungks Anregung aufgegriffen, »Zukunftswerkstätten« zu gründen.

6. In politischen Debatten, in denen der Vorrang der Beschäftigungspolitik betont oder bloß behauptet wird, ist darauf hinzuweisen, daß staatliche Wirtschaftsförderung für einen einzigen industriel-

---

9 Beitrag von G. Zwerenz in: U. Schmode/E. Spoo/H. in der Wiesche, a. a. O.

len Arbeitsplatz inzwischen oft einen siebenstelligen Betrag erreicht. Beschäftigung in der Kultur ist vergleichsweise kostengünstig. Kulturförderung ist also besonders wirksame Beschäftigungsförderung, Kulturabbau dagegen muß als beschäftigungspolitische Torheit erkannt werden. Für bildende Künstler kann es schon die Existenzsicherung bedeuten, wenn die Kommune ihnen Ateliers zur Verfügung stellt. Ebenso brauchen Musikgruppen Übungsräume, die sie auf dem Immobilienmarkt kaum mehr finden können.

7. Abbau kultureller Einrichtungen geht schnell und geräuschlos vor sich, wenn sich niemand wehrt. Die politisch Verantwortlichen versuchen oft, das städtische Theaterensemble und die freien Theatergruppen, die klassische und die Pop-Kultur, die Kunst und den Kindergarten gegeneinander auszuspielen. So werden falsche Fronten errichtet. Wenn Beschäftigte in Kultureinrichtungen einer Stadt oder eines Landes an dieser Politik des »Teile und herrsche« mitwirken, wenn sie sich gegenseitig die Existenz streitig machen, wenn sich unter ihnen die Ellenbogenmoral durchsetzt, nimmt die Kultur insgesamt Schaden. Und letztlich nützt es auch dem Sozialetat nicht, wenn der Kulturetat ihm untergeordnet wird. Wo aber Solidarisierung gelingt, kann Kultur mit Erfolg verteidigt werden. Dafür gibt es deutliche Beispiele, so die Rettung des Theaters der Jugend in München oder der bedrohten Orchester in Gelsenkirchen und Suhl.

Auf einem »Kongreß zur Verteidigung der Kultur«, den die 1989 am 200. Jahrestag der Französischen Revolution unter dem Motto »Freiheit, Gleichheit, Mitmenschlichkeit« gegründete Bürgerinitiative für Sozialismus gemeinsam mit gewerkschaftlichen und kulturellen Organisationen in Halle an der Saale veranstaltete,[10] sagte die SPD-Bundestagsabgeordnete Christel Hanewinckel: »Hier werden Kulturräume abgewickelt, weil sie sich nicht rechnen. Aber Abwicklung der Kultur kostet auch – auf die Dauer mehr. Kosten für Kultur sind wichtige Investitionen. Es kostet uns zuviel, wenn uns Kultur nichts kostet.« Und der Fraktionsvorsitzende von Bündnis 90/Die Grünen im sachsen-anhaltinischen Landtag, Hans-Joachim Tschiche, mahnte: »Kultur trägt notwendig Unruhe in die Gesellschaft. Eine kulturell ausgetrocknete Gesellschaft hat keine Zukunft.«

---

10 Siehe U. Schmode/E. Spoo/H. in der Wiesche, a. a. O.

Hans-Joachim Maaz

Ängste und Traumata in der Geldgesellschaft

Wenn ich zum Geld den passenden Gegensatz suche, dann fällt mir nur die Liebe ein. Wenn eine liebende menschliche Beziehung zerbricht, geht es fast nur noch ums Geld. Um den letzten kleinen Silberlöffel wird dann vor Gericht gestritten. Enttäuschung will sich häufig mit Perlen und Gold behängen und Kränkung sinnt nach Rache und möchte den anderen am liebsten ausrauben.

Eine Gesellschaft, in der das Geld herrscht, hat die Liebe verloren. Und wer am wenigsten Liebe hat, braucht am meisten Geld. Daß Liebe nicht zu kaufen ist, weiß inzwischen fast jeder, und daß die »käufliche Liebe« ein wachsendes Geschäft ist, spricht für den Mangel an Liebe und für damit verbundene wuchernde Illusionen, die sich dann gut verkaufen lassen. Und Wohlstand, Gesundheit, Vergnügungen, erst recht Sicherheit, was des Menschen wichtigste Begehren sind – sollten sie mit Geld zu haben sein?

Die psychotherapeutische Praxis belehrt uns eines Besseren. Wohlstand ist für viele ungesund: Sie ernähren sich falsch, sie bewegen sich zu wenig, sie brauchen immer mehr Genußgifte, um sich anzuregen, zu beruhigen oder in Stimmung zu bringen. Die Leistungsgesellschaft macht Menschen zu Konkurrenten, sie zwingt sie zum Siegen und produziert damit Verlierer. Erfolg macht einsam, und Reichtum braucht Schutz (um nicht zu sagen: Mauern und Stacheldraht, Alarmanlagen, Videoüberwachung und Waffen). Das Gesundheitswesen verschlingt Milliarden, indem seine Vertreter mehrheitlich Krankheiten gewinnbringend organisieren und verwalten, statt daß sie Menschen helfen zu verstehen, was sie krank macht und was verändert werden muß. Nicht die Ursachen und ganzheitlichen Zusammenhänge des Krankwerdens werden erforscht und behandelt, sondern die Folgen schädigenden und falschen Lebens werden geleugnet und symptomatisch geschönt. Der kaum beeinflußbare Glaube, daß eine nicht mehr zählbare Masse von Medikamenten und immer raffiniertere Apparate den Menschen gesund erhalten könnten, ist so grotesk, daß ich darin nur noch die Wiederkehr eines magisch-mythischen Denkens in einer säkularisierten postmodernen Gesellschaft erkennen kann. Und das Vergnügen braucht süchtige Fülle und Vielfalt, den gesteigerten Reiz, am Ende den Kick, damit überhaupt noch dadurch erregt und bewegt wird. Erfolgreich sind nur noch Angebote mit einem Übermaß an Reizen, die die menschlichen Sinne überfluten. Normalerweise würde das die Seele verwirren, wenn sie nicht bereits so »verpanzert« wäre, daß sie überhaupt nur noch durch eine Überdosis erreicht werden kann. Und seine Sicherheit glaubt der heutige Mensch vor allem bei Versicherungen kaufen zu können und versichert vor allem seine angehäufte Habe. Die Hochkonjunktur des Versicherungsschutzes beweist nur die vorhandene Schutzlosigkeit und Selbstunsicherheit der Menschen, die nicht mehr auf sich und ihre mitmenschlichen Verhältnisse vertrauen können.

Die wuchernde Geldgesellschaft kann als Symptom einer Gesellschaftspathologie diagnostiziert werden, deren Menschen den Kontakt zu sich selbst und zu dem, was sie wirklich suchen und brauchen, verloren haben. Eine solche Gesellschaft macht krank und reproduziert damit eine pathologische Entwicklung, die am Ende die Gemeinschaft immer mehr spaltet in die, die immer mehr Geld haben, als sie brauchen, um »ruhig« leben zu können – deshalb wollen und müssen sie ihren Besitz sichern –, und in die, die immer weniger Geld bekommen, als sie zum Leben brauchen, und die sich dann leider häufig zum Elend verdammt fühlen oder zur Gewalt berechtigt.

Dieses verhängnisvolle Wechselspiel zwischen gesellschaftlichen Einflüssen und individuellen Folgen oder zwischen persönlichen Erwartungen und politischen Konsequenzen sollte möglichst verstanden und auch vermindert werden. Denn es gibt keine abnorme Obrigkeit (einen psychopathologisch kranken Hitler, perverse Nazis, Betonköpfe eines Politbüros, ein Stasi-Krake, eine Banken-Diktatur) ohne ein Volk, das in solchen Oberen auch Erlösung, Befreiung, Schutz und Sicherheit sucht. Und unfähige Politiker, denen es an Visionen, an Mut zur Wahrheit und an Kraft zum entschiedenen Handeln fehlt, gäbe es nicht ohne eine Mehrzahl von Wählern, die sich nicht verändern wollen und die die Lüge brauchen. Man muß sich nur die grotesken Verkündigungen der Werbeslogans anhören, um zu begreifen, welches absurde Theater die Menschen wollen, um sich etwas verheißen und vormachen zu lassen. Was kann man noch dazu sagen, wenn

z. B. die Zigarettenindustrie nahezu widerspruchslos und vor allem ungestraft den Menschen in schönster Natur durch Rauchen Freiheit, Stärke und Entspannung verspricht? Leben wir eigentlich schon in einer riesigen Irrenanstalt? (Die »psychisch Kranken« seien damit nicht diskriminiert, denn gerade sie reagieren mitunter schon wieder gesund in ihrem Leiden auf unzumutbare Lebensumstände und verlogene Versprechungen.) Was also ist mit den Menschen los, die sich solche Führung und Verführung gefallen lassen oder sie sogar wünschen und brauchen?

Wenn in einer Gesellschaft ein stärkerer Erwartungs- und Normdruck an das »richtige Verhalten« – sei es das »richtige Bewußtsein«, der »rechte Glauben« oder auch eine »marktgerechte Flexibilität und Mobilität« oder eine »dynamische Leistungsfähigkeit« – gerichtet wird, dann werden viele Menschen davon betroffene sein und psychosoziale Schäden davontragen. Dabei ist es weniger wichtig, ob die vermittelnden Erziehungsstile eher autoritär-repressiv, wie sie in der DDR dominierten, oder stärker manipulativ und suggestiv sind, wie sie die bestehende Marktwirtschaft prägen. Die äußeren Folgen können sich unterscheiden, die seelischen Schäden aber sind durchaus vergleichbar. So wurde im Osten großer Wert darauf gelegt, daß die Menschen möglichst angepaßt und gehorsam sind, sich diszipliniert und ordentlich verhalten und sich möglichst widerspruchslos in den Dienst der sozialistischen Idee stellen. Und im Westen fordert die konkurrierende Marktwirtschaft Leistungsfähigkeit, Durchsetzungskraft, individuelle Stärke und eine Fähigkeit zur Anpassung an die Gegebenheit des Marktes, was auch heißt: an den Zeitgeist. Die Ergebnisse – hier Untertanen-Syndrom, dort Marketing-Charakter – hinterlassen in der psycho-sozialen Grundstruktur Einseitigkeiten und Störungen, die ich mit drei Begriffen beschreiben will:

1. *Entfremdung:* Der autoritär erzogene oder auch durch gesellschaftlich erwartete bzw. wirtschaftlich notwendige Verhaltensweisen manipulierte Mensch wird von Anfang an nicht mehr um seiner selbst willen gemocht, und so kann er auch nicht sein einmaliges Selbst entdecken und entfalten lernen, sondern er muß ein entfremdetes Selbst entwickeln, um Anerkennung bei den Eltern zu finden, in der Schule zu bestehen und im Wettbewerb um das erforderliche Geld in der Gesellschaft letztlich überleben zu können.

2. *Mangelsyndrom:* Mit dieser abgerungenen Entfremdung bleiben wesentliche psychosoziale Bedürfnisse unerfüllt, vor allem der

Wunsch, akzeptiert, gemocht und verstanden zu werden, letztlich also geliebt zu sein, ohne dafür erst Leistungen erbringen oder sich durch Anpassung verbiegen zu müssen.

3. *Gefühlsstau:* Der Mensch hat mit seinen Gefühlen eine hervorragende Möglichkeit, inneres Leiden zu mildern: Entweder er kann durch den Ausdruck von Wut, Schmerz und Trauer seine Umwelt erreichen und erweichen, seine Not zu hören und zu verstehen, um Linderung durch mitmenschliche Zuwendung zu bekommen, oder durch das freigelassene Fühlen zumindestens die aufgestaute Bedürfnisspannung »kurzschlüssig« zu erden. Die psychotherapeutische Forschung kann längst belegen, wie der zugelassene Gefühlsausdruck einem Menschen helfen kann, selbst bei starker Unterdrückung und großem Mangel lange Zeit noch gesund zu bleiben: ein Gefühlsverbot schwächt ihn.

Der Mensch hat keine Entscheidungsfreiheit, zu fühlen oder nicht, er kann nur seine Gefühle freilassen oder sie unterdrücken. Gewiß muß er lernen, Wut, Schmerz und Trauer zu kontrollieren und zu kultivieren, wichtig aber bleibt, darüber frei verfügen zu können. Diese Fähigkeit geht durch eine gefühlsunterdrückende Erziehung und eine Kultur der Diskriminierung des emotionalen Ausdrucks zunehmend verloren.

Entfremdung, Mangelsyndrom und Gefühlsstau hinterlassen im Menschen einen allgemeinen inneren Spannungszustand und eine Unzufriedenheit, die irgendwie abgeführt oder kompensiert werden wollen. Das geschieht häufig über vielfältige Symptome und Erkrankungen. Hier liegt die Hauptaufgabe psychotherapeutischer Arbeit: in den akuten (auch körperlichen) Erkrankungen die zugrunde liegenden psycho-sozialen Ursachen zu finden, um dann kausal behandeln zu können. Viele Menschen greifen zu chemischen Stoffen, sie benutzen die sogenannten Genußmittel, Medikamente und schließlich auch Drogen, um die innere Spannung zu regulieren, was in aller Regel nur für kurze Zeit gelingt, aber den ständig wiederholten und immer stärkeren Einsatz der »Droge« verlangt, um noch Wirkungen zu erzielen.

Am verhängnisvollsten wirken sich wohl aber die Versuche aus, angestrengt äußere Erfolge anzustreben und von ihnen eine Verbesserung der innerlichen Befindlichkeiten zu erwarten. Konsum, Besitz, Macht und Ruhm sollen dann die innere Bedürftigkeit tilgen. Da es aber in der Gegenwart und in der Zukunft keine wirkliche Kompensation oder ein Ungeschehenmachen der frühen Entfremdung und des erfahrenen psycho-sozialen Mangels geben kann, müssen diese Hoffnungen und Versuche Illusionen bleiben, was aber in aller Regel durch immer mehr Anstrengung, Kampf und Ideologisierung verborgen bleiben und abgewehrt werden soll. So geraten auch wertvolle menschliche Fähigkeiten in den Suchtmechanismus. Wir sprechen dann z. B. von einer Arbeitssucht, Leistungssucht, Erfolgssucht, Spielsucht, Sexsucht, auch von Helfersyndrom, von Machtrausch und Besitzgier. Die psychosomatischen Folgen und die Zerstörung der mitmenschlichen Beziehungen sind bei diesen Süchten vergleichsweise stark und umfassend wie bei der Alkoholsucht.

Der Versuch, von innerer Not, Spannung und Bedürftigkeit auf äußere Befriedigungsangebote abzulenken, gibt uns eine Erklärungsmöglichkeit für die destruktiven Folgen der Wachstumsgesellschaft. Die »Drogen«, die die Entfremdung und den inneren Mangel betäuben sollen, werden selbst immer entfremdeter: Die Waren der enttesselten Marktwirtschaft sind nicht mehr für den Menschen da, sondern der Mensch soll für die Waren zugerichtet werden. Der Wert der Waren beruht nicht mehr auf ihrem Gebrauchtswert, sondern auf ihrem Marktwert: Gut ist, was sich verkaufen läßt. Den Waren werden Eigenschaften angedichtet, die Menschen wieder jung, schön, attraktiv, sportlich, dynamisch, gesund und frisch, verführerisch usw. machen sollen.

Die Entmenschlichung des Marktes und die Vermenschlichung der Waren entsprechen dem Zustand des Kontrollverlustes einer Suchtentwicklung. Der Markt gerät aus den Fugen, und die Suche nach neuen Produkten, die der Mensch angeblich zu neuer Lust und Freiheit, zu noch mehr Erleichterung und Bereicherung verbrauchen könnte, wird immer heftiger und dramatischer. Und das Geld ist sozusagen der Transmissionsriemen und das Schmieröl dieser Megamaschine.

Da Geld die Illusion der verlorenen Liebe trägt, die in die materielle Welt veräußert wird, bekommt es auch unbewußt die Funktion des Pflasters, das alle seelischen und sozialen Wunden abdecken soll, aber wegen der Unheilbarkeit auf diesem Wege zur Droge werden muß, die in immer höherer Dosis nach Anwendung verlangt, um noch symptomatische Wirkung entfalten zu können. Der Mangel an Geld wird dann nicht nur das reale und manifeste Leben schwer belasten, sondern auch alle latenten Ängste der schon längst erlittenen Trauma-

ta von Ablehnung, Lieblosigkeit, Abwertung und Kränkung wieder
blanklegen, wodurch ungeschützt und auf der Flucht vor bedrohli-
chen und sehr schmerzvollen Erinnerungen in aller Regel zerstörerische Kräfte entfaltet werden (z. B. Depressivität, destruktive Erkrankungen, Gewalt, Kriminalität, selbstzerstörerische Lebensweise, Umweltzerstörung, kriegerische Auseinandersetzungen). Der Tanz ums
»goldene Kalb« kann nur dem Anschein nach ein Freudentanz sein, er
wird in Wahrheit aber aus der inneren Not heraus zum Kriegstanz
mißraten müssen.

Entfremdung, Mangelsyndrom und Gefühlsstau führen dazu, daß
die Menschen von sich weg nach außen und auf andere gelenkt werden, die innere Bedürftigkeit soll durch äußere Befriedigungen gestillt
werden. So wollen wir immer mehr haben, weil wir immer weniger
sind. So verbrauchen wir immer mehr, weil wir nicht mehr wissen,
was wir wirklich brauchen. So reisen wir immer weiter, weil wir uns
selbst nicht mehr finden. So gehen wir nach der Mode, statt nach unseren Bedürfnissen. So schauen wir fern, weil wir in der Nähe nichts
mehr sehen. So vernetzen wir uns elektronisch, weil wir unsere Beziehungen nicht mehr gestalten können. So handeln wir, ohne die
schädigenden Folgen unseres Tuns noch spüren zu können.

Wem das Geld für diese süchtigen Kompensationen ausgeht, der
wird als Arbeitsloser, Sozialhilfeempfänger, Obdachloser, Armer,
Kranker, Krimineller aus dem bunten Karussell des Scheins und der
Scheine herausgeschleudert. Es ist nicht zynisch gemeint – denn dieses
vermeidbare Elend ist eine selbstverschuldete Schande der gesellschaftlichen Fehlentwicklung, an der wir alle beteiligt sind. Und wer noch
genug Geld ergattert, der darf sich nicht erfolgreich dünken und sich
auf der sicheren Seite wähnen, denn er trägt wesentlich zur wachsenden und gefährlichen sozialen Kluft bei. Leider lehrt uns die Geschichte, daß die gesellschaftlichen Krisen in aller Regel in Katastro-
phen münden, und ich weiß nicht, ob wir das vermeiden können.
Vielleicht nur, wenn wir allen Mut zusammennehmen, die volle
Wahrheit zu sagen und den »Drogen« wirklich zu entsagen, dann
durch den Entzugsschmerz gehen und durch das Elend, das in uns
Entfremdung und psychosozialer Mangel hinterlassen haben, und
schließlich aus unseren Grundbedürfnissen unser Leben und Zusam-
menleben neu gestalten lernen. Weniger Konsum ist nur durch mehr
und bessere mitmenschliche Beziehungen möglich, die Leistungsspira-
le ist nur durch Schwingungen in unseren Rhythmen und mit denen

der Natur zu stoppen, das Kämpfen- und Siegenmüssen ist nur durch Fühlen zu verringern, die zerstörerische Konkurrenz ist nur durch solidarische Gemeinschaft zu beherrschen, und Krieg ist höchstens durch Kommunikation zu verhindern. Dies nenne ich eine »therapeutische Kultur«. Das meint aber nicht etwa eine Herrschaft der Therapeuten – das wäre das letzte, was mir vorschwebt –, aber schon eine Kultur, in der die psycho-sozialen Grundwerte respektiert, geschützt und gefördert werden: Liebe statt Kampf, Verstehen statt Ausgrenzen, Gemeinschaft statt Herrschaft, Entwicklung statt Zerstörung, Rhythmus statt Leistung, Beziehung statt Sucht.

Daß die Verhältnisse, die Menschen am meisten zufrieden machen können, die von zwischenmenschlichem Respekt, von Toleranz, von solidarischer Verbundenheit und von Liebe gestaltet werden, nicht mit Geld zu erkaufen sind und daß grundlegende Befriedigung vor allem aus Beziehungen erwachsen, die nicht danach fragen, ob sich das auch rechnet – dies wiederzuentdecken, könnte einen wesentlichen Beitrag leisten, unser aller Überleben zu sichern. Wenn wir Wachstum, Entwicklung und Zugewinn nicht vorrangig an materiellen Gütern messen, sondern auch in der Qualität der menschlichen Beziehungen und in der Entfaltung seelischen Reichtums erkennen, dann hätten wir und unsere Kinder in der Tat eine begehrenswerte Zukunft. Hier liegt ein »Markt« der Zukunft, ein wahrlich menschlicher Markt mit unerschöpflichen Ressourcen.

Peter von Oertzen

Über die Notwendigkeit außerparlamentarischer Bewegung

In der letzten These der Erfurter Erklärung steht der Satz: »Parteiförmige Politik allein kann das Vertrauen der Bevölkerung in ihre Demokratie nicht mehr hinreichend begründen.« Diese Feststellung ist mehr als bloß eine allgemeine leicht eingängige Formel. Sie drückt vielmehr die Überzeugung der Unterzeichnenden aus, daß die Politik eine zu ernste Sache ist, als daß die Bürgerinnen und Bürger sie allein den Parlamenten, Regierungen und Verwaltungen sowie den sie tragenden Parteien überlassen dürften.

Damit wird nicht die Notwendigkeit demokratischer Parteiwahlen und gewählter Volksvertretungen geleugnet. Diese sind unverzichtbare Grundlagen eines jeden demokratischen Gemeinwesens – und unabänderliche Bestandteile unserer Verfassungsordnung. Aber sie allein reichen nicht mehr aus, um einen lebendigen, vom Vertrauen der Bürgerinnen und Bürger getragenen Prozeß der politischen Meinungs- und Willensbildung zu sichern. Zunehmende Wahlmüdigkeit, schlechte Noten für Regierung *und* Opposition in den Umfragen, wachsende Differenzen in wichtigen Sachfragen zwischen Parlamentsmehrheiten und Bevölkerungsmehrheit, die heutzutage durch die Meinungsforschung offengelegt werden (gegeben hat es sie schon viel früher), zeugen von einem wachsenden Unbehagen – nicht an der Demokratie als solcher, aber doch an bestimmten Seiten *dieser* Demokratie.

Diese Feststellungen haben nichts zu tun mit den oft gehörten Klagen über das »Parteiengezänk« oder über »die« Politik – Klagen, in denen sich nur allzu häufig eine zutiefst undemokratische Obrigkeitsgläubigkeit ausdrückt: »Die da oben« sollen endlich aufhören, sich zu streiten; sie sollen statt dessen mit fester Hand »Ordnung« schaffen, die Probleme der Gesellschaft lösen und die Menschen in Frieden ihren beruflichen und privaten Interessen nachgehen lassen. Eine solche Haltung ist nicht nur sehr bequem (das möchte ja noch angehen, denn welcher Mensch hat es nicht gerne bequem, jedenfalls zuweilen), sie ist aber auch und vor allem gefährlich. Sie könnte am Ende dazu führen, daß sich der Ruf nach einem einzigen »starken Mann« erhebt, der alle Probleme mit einem Schlage löst (was unmöglich ist). Deswegen ist es auch für eine traditionsreiche demokratische Partei wie die SPD fast lebensgefährlich, einen Mann zum Kanzlerkandidaten zu bestellen, dessen Programm überwiegend darin besteht zu sagen: Wählt mich! Ich mach das dann schon!

Die Kritik der »Erfurter Erklärung« läuft auf eine genau entgegengesetzte Haltung hinaus. Sie hält den oppositionellen Parteien und Parlamentariern nicht vor, daß sie den »Parteienstreit« zurückstellen und endlich »handeln« sollen (ob richtig oder falsch scheint dabei fast zweitrangig zu sein), sondern ganz im Gegenteil, daß die Kritik der Opposition an der regierenden Mehrheit nicht entschlossen genug und ihre Alternative zur Regierungspolitik nicht klar genug ist. Und in der Konsequenz dieser Haltung fordert die »Erfurter Erklärung« die Bürgerinnen und Bürger dazu auf, die »Verantwortung für die soziale Demokratie« selber zu übernehmen – in und mit den Parteien, wenn möglich, über die Parteien hinaus oder sogar gegen sie, wenn nötig.

Diese Forderung nach »mehr Demokratie«, als wir sie heute haben,[1] ist nicht in einem schönen realitätsfremden Traum begründet, sondern in geschichtlicher Erfahrung, denn die Demokratie ist ja nicht als fertiges Modell vom Himmel gefallen. Sie hat sich in einem langen Prozeß entwickelt: Nach 1645 in der Großen Englischen Revolution legte die Partei der »Leveller« (Gleichmacher) das erste moderne Programm einer demokratischen parlamentarischen Verfassung vor. Danach dauerte es fast eineinhalb Jahrhunderte, bis erstmalig in Nordamerika 1776 und in Frankreich 1789 die Prinzipien der freiheitlichen Demokratie in der Verfassung verankert wurden. Die völlige zumindest formalrechtliche Gleichstellung aller BürgerInnen und ihre gleichberechtigte Teilnahme am politischen Leben – z.B. in Gestalt des allgemeinen Wahlrechts, des Frauenstimmrechts sowie der bürgerlich-rechtlichen Gleichstellung der Frauen allgemein – wurde in den

---

1 »Mehr Demokratie« ist der Name einer Vereinigung, die sich vor allem für den Ausbau der Volksgesetzgebung (Volksbegehren und Volksentscheid) einsetzt. Bisher vorwiegend in Bayern tätig, hat sie ihre Arbeit unterdessen auf das gesamte Bundesgebiet ausgedehnt. Büro: Fritz-Berne-Straße 1, 81241 München, Tel.: 089/8211774.

meisten heutigen Demokratien überhaupt erst in diesem Jahrhundert erreicht.

Aber selbst auf der Grundlage rechtlich gesicherter staatsbürgerlicher Gleichheit und gleichberechtigter Teilnahme am politischen Prozeß ist die Demokratie als »Regierung des Volkes, für das Volk und durch das Volk« (Abraham Lincoln) doch in Wirklichkeit bis zum heutigen Tage ziemlich eingeschränkt geblieben. Mit einigen Ausnahmen wie in der Schweiz und einer Reihe von Staaten der USA sowie seit jüngster Zeit auch in 14 der 16 Länder der BRD herrscht noch fast uneingeschränkt das Prinzip der repräsentativen Demokratie. Das heißt: Es gilt zwar der Grundsatz, daß »die Staatsgewalt vom Volke ausgeht«; in der Praxis aber gehen die Bürgerinnen und Bürger alle vier, fünf oder sechs Jahre zu Wahl, bestimmen dadurch die Personen oder Parteien, die die Volksvertretung, Regierung oder Kommunalverwaltung stellen sollen, und haben darüber hinaus an der tatsächlichen Ausübung der staatlichen Gewalt keinen Anteil mehr.

Die repräsentative Demokratie hat freilich ihre verständlichen historischen, sozialen und politischen Gründe. Die dem modernen Staat geschichtlich vorausgehenden Formen des politischen Gemeinwesens kannten da und dort (am bekanntesten sind die Beispiele der Schweiz oder Skandinaviens) die alte Versammlungsdemokratie: In regelmäßigen Zeitabständen versammelten sich die »Bürger«, d.h. die freien Männer von Ansehen und Eigentum, in einem Dorf, einem Tal oder einem Stammesgebiet zur Landsgemeine oder zum Thing und regelten dann jene (wenigen) gemeinsamen Angelegenheiten, die einer solchen Regelung bedurften: die Wahl von Häuptlingen oder Richtern, die Verpflichtungen zu Abgaben oder Steuern, die letzte Entscheidung in wichtigen Streitfragen, die Bestätigung und gegebenenfalls Änderung des althergebrachten Rechtszustandes usf. Reste dieser urtümlichen volksnahen direkten Demokratie haben sich da und dort in der Kommunalverfassung, in der Rechtsprechung (Geschworene, Schöffen) oder im Genossenschaftswesen erhalten. Daß größere Verbände mit vielfältigen innen- und außenpolitischen Aufgaben, wie etwa die sich allmählich herausbildenden modernen Staaten, sich auf diese Weise nicht regieren ließen, versteht sich von selbst. So besteht denn die älteste »Volksvertretung« einer großen europäischen Nation, das englische Unterhaus, aus je zwei »Repräsentanten« jedes Landkreises und jeder Stadtgemeinde.

Doch die Abgeordneten repräsentierten zunächst keineswegs das

gesamte »Volk« (dessen große Mehrheit hatte ohnedies kein Wahlrecht), sondern die jeweils dominierenden Stände, Schichten oder
Klassen: Juristen, Kaufleute, später Handwerker und Unternehmer in
den Städten, adlige und nichtadlige Großgrundbesitzer und wohlhabende Bauern auf dem Lande. Auch im 19. Jahrhundert, als die bürgerliche Gleichberechtigung aller Stände und ein erweitertes Wahlrecht sich allmählich durchsetzten, blieb dies die soziale Grundlage
der repräsentativen Verfassung. Noch in dem weitgehend nach dem
allgemeinen und gleichen Stimmrecht (der Männer) gewählten Pauls-
kirchenparlament von 1848/49 saßen fast ausschließlich Vertreter der
gesellschaftlichen Oberschichten oder oberen Mittelschichten (gleich
ob adlig oder bürgerlich): Grundbesitzer, Beamte, Advokaten, viele
Professoren, studierte Geistliche, Unternehmer, Rentiers (Besitzer
größerer Vermögen) sowie einige wohlhabende Bauern und Hand-
werksmeister, aber so gut wie kein Mitglied der großen Volksmehr-
heit der arbeitenden Unterschichten: mittlere und kleine Bauern,
Pächter und Häusler, Diener und Knechte, Gesellen und Arbeiter.

Es ist dies das Modell der »Honoratioren-Demokratie«, d. h. eines
politischen Systems, in dem nur die Schichten von Besitz und Bildung – viele hatten beides – aktiv am politischen Leben teilnehmen
konnten: als Minister und Parlamentarier, als Bürgermeister, Landräte
und Kommunalvertreter, als Regierungspräsidenten und Ministerial-
räte. Der »gemeine Mann« – mit bescheidenster Schulbildung, einem
schweren erschöpfenden Arbeitstag, ohne Weltkenntnis und ohne die
geringste Erfahrung in öffentlichen Angelegenheiten, außer vielleicht
im engsten dörflichen oder kleinstädtischen Umfeld – hatte diese
Möglichkeit nicht. So wählte denn auch er (vorausgesetzt er hatte
überhaupt das Wahlrecht) seine Repräsentanten in der Regel aus dem
Kreise der »Honoratioren«; nur die politische Richtung, ob konserva-
tiv oder klerikal-katholisch, gemäßigt liberal oder demokratisch,
konnte er sich aussuchen.

Die Tradition der »Honoratioren-Demokratie« – im Grunde die
demokratisch-rechtsstaatlich umkleidete Herrschaft einer kleinen gesellschaftlichen Elite – hat weit in das Zeitalter der modernen Demokratie und der sie tragenden Funktionärs- und Massenparteien fort-
gewirkt und ist auch heute noch in vielen überlieferten Rechtsfor-
men, Verhaltensweisen und Ideologien der Massendemokratie spürbar. Die gesellschaftlichen Verhältnisse, die der »Honoratioren«-
Herrschaft zugrundelagen, haben sogar noch die – im Prinzip radikal

demokratische und egalitäre – aufstrebende Arbeiterbewegung geprägt. Wollten Arbeiterparteien und Gewerkschaften es mit den konservativen oder bürgerlich-liberalen Parteien, mit Staatsapparat, etablierter Wissenschaft, Unternehmerschaft und wirtschaftlichen Interessenverbänden aufnehmen, dann mußten sie alles das, was die beherrschten Klassen an Urteilsfähigkeit, Lebenserfahrung, Organisationstalent und mühsam erarbeiteter autodidaktischer Bildung, kurz an politischen Führungsqualitäten aufzubieten hatten, aus den beengenden sozialen Verhältnissen der Unterklassen herausheben und an die Spitze der »Organisation« bringen, d. h. praktisch in eine privilegierte Position – wie unendlich bescheiden diese »Privilegien« auch immer waren.

Die Folgen waren unvermeidlich, und jeder Historiker der Arbeiterbewegung kennt sie: Die Parlamentarier und Kommunalvertreter, die Partei- und Gewerkschaftssekretäre, die Redakteure der politischen oder gewerkschaftlichen Presse und die Beamten der Genossenschaften, sie waren oder wurden eine eigene neue »Elite«, eine Art von Honoratioren der Arbeiterbewegung. (Die Angehörigen der bürgerlichen Schichten, die sich der Arbeiterbewegung anschlossen, waren es ohnedies.) Diese Arbeiter-»Elite« war im Prinzip ihrer »proletarischen« Basis stets Rechenschaft schuldig und unterlag strikter demokratischer Kontrolle, auch teilten viele ihrer Angehörigen immer noch in gewissem Umfang die Lebensverhältnisse der Unterklassen. Nichtsdestoweniger ließ sich diese »Elite« von der Basis ähnlich ungern in ihre Angelegenheiten hineinregieren wie die konservativen oder die bürgerlich-liberalen Eliten. Die Arbeiterelite war fest davon überzeugt, daß sie das Geschäft der politischen oder gewerkschaftlichen Führung besser verstünde als die einfachen Genossen und Kollegen. Und sie hatte damit auch nicht ganz unrecht. Die Arbeiterbewegung dankte ihren Führern in der Regel mit eiserner Organisationsdisziplin und treuer Gefolgschaft für deren in der Tat außerordentliche und unentbehrliche Leistung.

Seit einem halben Jahrhundert haben sich jedoch die gesellschaftlichen Verhältnisse radikal verändert. Die materiellen Grundlagen sowohl der konservativen und liberalen (natürlich auch der kirchlichen) als auch der sozialdemokratischen und gewerkschaftlichen Elitenherrschaft sind in Auflösung begriffen. Da diese sehr zugespitzte These im Rahmen dieses kleinen Aufsatzes nicht wissenschaftlich begründet werden kann, sei nur auf einige wenige allgemein bekannte Faktoren hingewiesen: Wie auch immer die Auswirkungen der modernen Massenkommunikationsmittel, des entwickelten Verkehrswesens oder des Massentourismus beurteilt werden mögen, daß der Erfahrungshorizont des Durchschnittsmenschen heute unvergleichbar weiter ist als vor 50 oder gar 100 Jahren, steht außer jedem Zweifel. Daß die Erhöhung des Wohlstands und die Verkürzung der Arbeitszeit (wenngleich auch nicht alle daran teilhaben) ohne Auswirkung auf Meinungsbildung und politisch-soziale Verhaltensweisen geblieben sein könnten, wird wohl auch kaum jemand im Ernst behaupten wollen. Geradezu revolutionär haben sich jedoch meiner Meinung nach die Veränderungen in Berufsqualifikation und Berufsposition in unserer Gesellschaft ausgewirkt. In gewisser Hinsicht lassen sich diese Veränderungen an der Entwicklung unseres Schulwesens ablesen. Haben heute bei uns die über 60jährigen noch zu 78 Prozent einen einfachen, zu 15 Prozent einen mittleren und zu sieben Prozent einen höheren (Hochschulreife) Schulabschluß, so lauten die entsprechenden Prozentzahlen bei den unter 40jährigen: 35% – 37% – 28%.[2] Und die Entwicklung geht weiter in diese Richtung. Kurz und gut: Es gibt in unserer Gesellschaft unterdessen ein riesiges und weiter anwachsendes Potential von Bürgerinnen und Bürgern, die auf Grund ihrer schulischen und beruflich-fachlichen Qualifikation, ihres Erfahrungswissens und ihres sich laufend erweiternden Erkenntnishorizonts es gut und gerne mit den Angehörigen der »Politischen Klasse« – Ministern, Parlamentariern, Bürokraten, Verbandsfunktionären usf. – aufnehmen könnten. Mochten früher die Menschen aus dem »einfachen Volk« noch annehmen dürfen, daß »die da oben« es besser wüßten und besser könnten als sie selber, hat diese Unterstellung inzwischen weitgehend ihre reale Grundlage verloren. Die Bürgerinnen und Bürger (zumindest eine starke Minderheit unter ihnen) bedürfen heute nicht mehr in erster Linie der ihnen vorgeblich weit überlegenen sachkundigen Führung durch die Regierenden. Im Gegenteil, die Regierenden bedürfen in zunehmendem Umfang des Sachverstands, der Erfahrungen und des kritischen Engagements der Regierten.

Welche Gestalt dieses Engagement in Zukunft annehmen könnte und sollte, muß Gegenstand ernsthafter Diskussionen unter allen ver-

---

2 Die Zahlenangaben beruhen auf den Ergebnissen einer Untersuchung, die eine Projektgruppe des Instituts für Politikwissenschaft an der Universität Hannover im Jahre 1991 durchgeführt hat.

antwortungsbewußten Demokraten werden: Der Ausbau von Volksbegehren und Volksentscheid, aber auch Initiativgruppen und Fach-
arbeitskreise, »Runde Tische« und öffentliche Foren wären denkbare
Wege. Auf jeden Fall werden die Regierenden ihr Monopol auf Mei-
nungs- und Willensbildung aufgeben und lernen müssen, mit der Bür-
gerschaft nicht mehr obrigkeitlich, sondern auf der Basis der Gleichberechtigung umzugehen. Wir alle müssen, wie die Erfurter Erklärung sagt, »aus der Zuschauerdemokratie heraustreten«.

Die Forderung nach außerparlamentarischer Bewegung ist nicht
bloß ein taktischer Kniff, nicht bloß der Versuch einer gesellschaftlichen Minderheit, die gegenwärtig regierende parlamentarische Mehrheit auszuhebeln. Sie bezeichnet vielmehr das Erfordernis eines tief-
reichenden Strukturwandels unserer gegenwärtigen Demokratie. Sollten die regierenden (partei)politischen Kräfte das nicht erkennen wollen oder können, dann wird die Demokratie in eine Krise geraten, der
gegenüber die derzeitige viel berufene »Politikverdrossenheit« sich
sehr harmlos ausnehmen wird.

Edelbert Richter

Warum die Revolution von 1989 noch nicht zu Ende ist

Ein verbreitetes Vorurteil

Im Sommer 1989, also noch vor der Umwälzung in der DDR und den meisten Ostblockstaaten, erschien in der US-amerikanischen Zeitschrift »National Interest« ein Aufsatz, der außerordentliches Aufsehen erregt hat. Der Autor Francis Fukuyama war Mitglied der Rand Corporation und seit Goerge Bushs Präsidentschaft stellvertretender Direktor der Planungsabteilung im Außenministerium. Der Aufsatz trug den Titel »Das Ende der Geschichte?« und meinte damit den »klaren Triumph des wirtschaftlichen und politischen Liberalismus«, der sich vor allem an »der völligen Erschöpfung aller Alternativen« zu ihm offenbare.[1] Fukuyama wies hin auf die Entwicklungen der 80er Jahre nicht nur in Osteuropa, sondern auch in China (die Wirtschaftsreformen) und Ostasien (Südkorea, Taiwan, Burma, Philippinen). Der Liberalismus habe die großen Herausforderungen dieses Jahrhunderts, den Faschismus wie nunmehr den Kommunismus, bestanden. Die des Kommunismus habe er bestehen können, weil er die Klassenfrage im Grunde gelöst habe. Sicher gebe es noch Reiche und Arme, aber diese Ungleichheit habe nichts mit der Struktur der liberalen Gesellschaft zu tun, sondern die Armut der Schwarzen in den USA z. B. sei ein Erbe der Sklaverei und des Rassismus. Wenn nun mit dem Ende des Kalten Krieges zugleich »das Ende der ideologischen Entwicklung der Menschheit« gekommen sei, heiße das zwar »nicht, daß es keine weiteren Entwicklungen mehr geben wird, denn der Sieg des Liberalismus erfolgte vor allem im Bereich der Ideen [...] und ist in der realen Welt noch unvollständig.« Es gebe »jedoch gute Gründe für die Annahme, daß es dieses Ideal ist, das auf lange Sicht gesehen die materielle Welt bestimmen wird.«[2]

---

1 F. Fukuyama: Das Ende der Geschichte?, in: Europäische Rundschau, 17. Jg. Nr. 4, Wien 1989, S. 3 ff.
2 Ebd., S. 4.

Um seine These zu untermauern, griff Fukuyama auf Hegel zurück bzw. auf eine bestimmte Hegel-Interpretaion. Außerdem stützte er sich auf Max Webers Untersuchung »Die protestantische Ethik und der Geist des Kapitalismus«, um deutlich zu machen, daß es sich beim Sieg des Liberalismus um den Sieg einer Idee, einer bestimmten geistigen Haltung handele, nicht um den Triumph des schnöden Eigeninteresses und materiellen Erfolgs.

Ich gehe von Fukuyamas These aus und nehme zu ihr Stellung, nicht weil sie besonders interessant ist, sondern weil sie ein immer noch verbreitetes und gefährliches Vorurteil ausplaudert.

Das Ende des kommunistischen Chiliasmus, das wir erlebt haben, hat uns erneut gelehrt, was wir eigentlich wissen konnten: Es gibt *keine Vollendung der Geschichte in der Geschichte.* Warum? Weil wir die Vergangenheit letztlich nicht »bewältigen« und von der Gegenwart abtrennen können. Was soll denn werden mit den zahllosen Opfern der Vergangenheit und dem Berg von Schuld, den wir auf uns geladen haben? Wer dennoch eine solche Vollendung herbeiführen will, der muß sich im Vergessen üben, bis zu einem Grad von Zynismus, der neue Opfer und neue Schuld hervorbringt. Aber im selben Moment, da wir das mit Erschütterung einsehen, sollen wir schon wieder zu einem Chiliasmus überredet werden, diesmal ·dem liberalen! Wir werden doch wohl nicht so dumm sein und unsere Revolution von 1989 als Vollendung der Geschichte beweihräuchern lassen.

Widerspruch zwischen Idee und Realität

Es fällt uns heute auch schwer, sie als Sieg einer Idee bei leicht nachhinkender Realität zu verstehen. Eher scheint es uns, daß sie in einen bösen Widerspruch zwischen politischer Idee und sozialökonomischer Realität hineingeführt hat. *Ideell* gibt es in der Tat seit 1989 (fast) kein Draußen mehr, gehören alle Menschen einer Zivilisation an. *Real* jedoch wird ein immer größerer Teil der Menschheit ins Abseits gestoßen, d. h. der Natur zugeschlagen. Und indem so der Bereich der Naturressourcen auf Kosten der Menschheit ausgeweitet wird, wird zugleich die ökologische Krise »bewältigt«. Ideell wurden die Ostdeutschen z. B. in Demokratie und soziale Marktwirtschaft integriert, real wurden sie zugleich von deren wesentlichen Bedingungen, Arbeit und Eigentum, weitgehend ausgeschlossen. Unsere Idee (die der Opposition in der DDR) war jedenfalls nicht die des reinen

Liberalismus, sondern die einer sozialökonomisch fundierten Demokratie. Selbst wenn Fukuyama insofern recht hat, als die liberale Idee heute weltweit dominiert, so ist ihre Umsetzung in der realen Menschenwelt doch eine eigene Aufgabe, die die Idee selber in ein anderes Licht rückt und verändert.

Aber hat überhaupt die Idee gesiegt oder nicht das Eigeninteresse und die wirtschaftliche Macht? Der allgemeine Eindruck ist, daß wir mit unserer Revolution gleichsam über den Tisch gezogen worden sind, weil wir zwar den allmächtigen Staat losgeworden sind, dafür aber die Allmacht des Marktes bzw. des Geldes eingetauscht haben. Und dieser Eindruck kann so falsch nicht sein, wenn man die massive Abhängigkeit des Staates vom Weltfinanzmarkt bedenkt. Ich komme auf diesen Punkt zurück, will aber zuvor noch anhand der Autoritäten, auf die sich Fukuyama beruft, das Gemeinte verdeutlichen.

Der Hinweis auf Weber ist naheliegend, wenn es um die geistigen Wurzeln des Liberalismus und seines Hauptrepräsentanten, die Vereinigten Staaten, geht; nur leistet er nicht, was er leisten soll. Denn Weber sagt ja selbst, daß das ideelle, religiöse Motiv längst hinter das grobe ökonomische Interesse zurückgetreten ist und daß die innerweltliche Askese in gewissem Sinne die Kraft war, »die stets das Gute will und stets das Böse – das in ihrem Sinne Böse: den Besitz und seine Versuchungen – schafft«.[3] Um diesen vertrackten Zusammenhang wußte schon vor über 200 Jahren der Begründer des Methodismus, John Wesley:

»Ich fürchte: wo immer der Reichtum sich vermehrt hat, da hat der Gehalt an Religion in gleichem Maße abgenommen. Daher sehe ich nicht, wie es, nach der Natur der Dinge, möglich sein soll, daß irgendeine Wiedererweckung echter Religiosität lange Dauer haben kann. Denn Religion *muß notwendig* sowohl Arbeitsamkeit (industry) als Sparsamkeit (frugality) erzeugen, und diese können nichts anderes als Reichtum hervorbringen. Aber wenn Reichtum zunimmt, so nimmt Stolz, Leidenschaft und Weltliebe in all ihren Formen zu. Wie soll es also möglich sein, daß der Methodismus, das heißt eine Religion des Herzens, mag sie jetzt auch wie ein grünender Baum blühen, in diesem Zustand verharrt?«[4] Die Lösung, die Wesley anbot, war denkbar einfach, aber offenbar schwer zu praktizieren: Die

---

3 M. Weber: Religionssoziologie I, Tübingen 1920, S. 191f.
4 In: ebd., S. 196 f.

Christen sollten ruhig »alles gewinnen, was sie können, und alles sparen, was sie können«, sie sollten dann aber auch »alles *geben,* was sie können«!

Die Berufung Fukuyamas auf Hegel beruht wohl auf oberflächlicher Kenntnis und einseitigem Verständnis und ist eigentlich ein Witz. Hegel hat zwar den Liberalismus ausdrücklich gewürdigt, aber zugleich deutlich genug gesagt, daß die Ungleichheit zum Wesen der bürgerlichen Gesellschaft gehöre und durch den Staat begrenzt werden müsse. »Bei dem Übermaß des Reichtums« sei die bürgerliche Gesellschaft »nicht reich genug [...], dem Übermaße der Armut und der Erzeugung des Pöbels zu steuern«.[5]

Sein Freiheitsbegriff ist ein ganz anderer als der liberale: Freisein heißt im Anderen bei sich selbst sein. »Diese Freiheit haben wir aber schon in der Form der Empfindung, z. B. in der Freundschaft und Liebe. Hier ist man nicht einseitig in sich, sondern man beschränkt sich gern in Beziehung auf ein Anderes, weiß sich aber in dieser Beschränkung als sich selbst.«[6] Hegels Leitthema ist letztlich gar nicht die Freiheit (oder die Gleichheit), sondern die Frage, wie Brüderlichkeit (Liebe) unter modernen Bedingungen möglich ist. Und es ist in gewisser Hinsicht eben diese Frage, die sich heute auf einer neuen, internationalen Ebene stellt.

Vollendung und Ende der neoliberalen Ära

Wenn es eine Vollendung der Geschichte in der Geschichte nicht geben kann, dann ist jede Vollendung erstens nur die einer *Periode* der Geschichte, und sie ist zweitens ambivalent, enthält zugleich ein *Ende* in sich.

Was ist die Periode der Geschichte, die sich 1989 vollendet hat und damit im Grunde zu Ende ging? Es ist offenbar die letzte Phase des Kalten Krieges, d. h. die Ära, die Ende der 70er Jahre begann, noch heute bestimmend ist und alle Lebensbereiche erfaßt hat. Man braucht nicht die Qualitäten eines Propheten zu haben, sondern nur die eines wachen, erfahrenen Bürgers, um ihre Charakterzüge zu erkennen. Es ist *ökonomisch* eine Bewegung weg von wohlfahrtsstaatli-

---

5   G. W. F. Hegel: Grundlinien der Philosophie des Rechts, Werkausgabe Bd. 7, Frankfurt a. M. 1970, § 245.
6   Ebd., § 7, Zusatz.

cher Regulierung der Wirtschaft (Keynesianismus) hin zum Glauben an die Eigendynamik des Marktes (Neoliberalismus) und zu einer Politik des knappen Geldes (Monetarismus); weg von der nationalen Wirtschaftspolitik hin zur Herrschaft des globalen Finanzmarktes. Die deutlichste Konsequenz ist die Entstehung eines neuen, volkswirtschaftlich sinnlosen Reichtums und einer neuen, ebenso sinnlosen Armut in den großen Industrienationen. – Es ist *innenpolitisch-sozial* ein Trend zunehmender »Individualisierung«, d. h. der Herauslösung des einzelnen nicht nur aus traditionellen, sondern auch aus modernen Bindungen (Klasse, Kleinfamilie, Geschlechterrolle, Partei) und einer wachsenden Entfremdung von der »großen« Politik. – Es ist weiter *außen- und sicherheitspolitisch* eine Bewegung weg vom Dualismus der »Systeme« und der atomaren Abschreckung hin zum Pluralismus der nationalen Interessen und der begrenzten Kriege. – *Entwicklungspolitisch* hatten wir in den 70er Jahren noch eine relativ einheitliche »Dritte Welt« und einen Dialog mit ihr über eine neue Weltwirtschaftsordnung. In den 80er Jahren hörte dieser Dialog auf und zerfiel die Dritte Welt in solche Länder, die sich dem faktisch gegebenen Weltmarkt anzupassen vermochten, und solche, die aus ihm ausgegrenzt wurden. – In *kultureller* Hinsicht war für die 70er Jahre noch ein Vertrauen in die aufgeklärte Vernunft und ein Ringen um die eine Wahrheit charakteristisch. In den 80er Jahren wurde es durch massiven Fundamentalismus einerseits und postmoderne Beliebigkeit andererseits verdrängt. Im Verhältnis zur natürlichen Umwelt führte der Weg von der Erkenntnis und Erschütterung über ihre Gefährdung in den 70er Jahren zu weitgehender Ignoranz oder bloß symbolischer Beschwörung der Umweltkrise in den 80er Jahren.

Fukuyama hat also verkannt, daß es sich nur um den Sieg des Neoliberalismus handelt und daß diese äußerste Ausschöpfung liberaler Möglichkeiten zugleich ihre Erschöpfung bedeuten muß. Warum? Weil die Situation und die Herausforderung, die sie enthält, nun eine ganz andere ist: Nicht mehr Abgrenzung vom Gegner und Bewährung ihm gegenüber ist angesagt, sondern Entlastung der eigenen Bevölkerung von den Lasten des Kalten Krieges, die Integration des ehemaligen Gegners und die Bewährung der eigenen Ordnung unter den ganz anderen, schwierigeren Bedingungen des hinzugekommenen Weltteils. Die eine Welt ist jetzt im Prinzip da, aber nun gilt es, sie auch zu gestalten.

Identitätskrise des Westens

Denn was heißt hier Sieg? Wenn es heißt, daß der Gegner nach langem Kampf am Boden liegt, so folgt daraus für den Sieger zumindest eine *Identitätskrise.* Wenn ich einen Gegner verliere, auf den ich jahrzehntelang fixiert war, von dessen Gegnerschaft ich womöglich sogar gelebt habe, dann verliere ich mich selber. Kann es also den »realen Liberalismus« noch geben, wenn es den »realen Sozialismus« nicht mehr gibt? Der neoliberale Chiliasmus hat nur den Sinn gehabt, den kommunistischen Chiliasmus niederzuringen. Und nun, da dies gelungen ist, offenbart er seine innere Schwäche, indem es ihm nicht gelingt, jene Aufgaben der Entlastung und der Integration wahrzunehmen. Vielmehr ist die westliche Politik aus Trägheit oder Selbstgerechtigkeit weiter jenem Trend aus der Zeit des Kalten Krieges gefolgt. Man tat im Grunde so, als hätte es 1989 gar nicht gegeben. Man wußte mit dem eigenen Erfolg gar nichts anzufangen. Das kann aber angesichts der Größe der Herausforderung auf die Dauer nicht gutgehen. Denn damit wächst die Gefahr, daß sich jener Trend gegen die westliche Gesellschaft selber kehrt. Um einen Zeugen, der sozialistischer Ambitionen unverdächtig ist, zu zitieren: »Weil der Kommunismus – und selbst der Sozialismus – von Grund auf diskreditiert ist, betrachte ich die Bedrohung von seiten des Laisser-faire heute für gefährlicher als die Bedrohung durch totalitäre Ideologien [...] Ich behaupte, daß eine offene Gesellschaft auch aus der entgegengesetzten Richtung bedroht werden kann: von übertriebenem Individualismus, von zuviel Konkurrenz und zuwenig Kooperation.«[7]

Ähnlichkeiten mit dem ehemaligen Gegner

Was man »*realen* Sozialismus« nannte, war eine Gesellschaft nachholender Industrialisierung mit despotischem Erbe und einer sozialistischen *Ideologie.* Der Wegfall der sozialistischen Ideologie hatte im Osten die Wirkung der Enthüllung und Entspannung: Es wurde offenbar, durfte ungeniert gesagt und angestrebt werden, was im Grunde doch schon immer angestrebt wurde: der Anschluß an den Westen. Nach wie vor sollte dasselbe erreicht werden, es sollte nur jetzt nicht mehr zugleich sozialistisch überwunden werden. Und da dieser

---

7   G. Soros, in: Die Zeit vom 17.1.1997.

ideologische Vorbehalt, dieses Sich-selbst-im-Wege-stehen, beseitigt
war, schien der Weg, es zu erreichen, zugleich gangbarer gemacht.
Realität und ideelle Orientierung schienen wieder harmonisiert.
Das war die Stunde der Liberal-Konservativen. Ihr Vorteil war,
daß sie an diese reale Tendenz des sogenannten realen Sozialismus anknüpfen konnten, während die Sozialdemokraten an sein sozialisti-
sches schlechtes Gewissen nicht mehr anknüpfen konnten. Es gibt eine – heute ungern eingestandene – Nähe der Liberal-Konservativen zu
den Kommunisten. Sie zeigt sich schlagend an der gesinnungslosen
Wendehalsigkeit der Mitläufer des alten Systems, dem mühelosen
Übergang ins neue System. Und sie ist begründet in dem beiden gemeinsamen Ökonomismus und der Gleichgültigkeit gegenüber den
Problemen des sozialen und demokratischen Zusammenlebens.

Sodann aber folgen beide der gleichen Wunderlogik der »schöpferi-
schen Zerstörung«. Was die einen überwinden wollten, wollen die
anderen herstellen, und was die einen schaffen wollten, wollen die
anderen abschaffen. Die Leninisten wollten einen Kapitalismus überwinden, der (im Osten) noch gar nicht da war, konnten also nur eine
fiktive Größe überwinden bzw. fiktiv etwas überwinden, haben in
gewisser Hinsicht gar nichts verändert, die geschichtliche Realität gar
nicht erreicht. Die Liberal-Konservativen wollen nun einen Sozialismus überwinden, der gar nicht vorhanden war, führen also wieder
nur ein Scheingefecht an der Realität vorbei. Wenn die Leninisten gar
keinen Sozialismus geschaffen haben, sondern nur eine Imitation des
Kapitalismus, dann können die Liberal-Konservativen ihn auch nicht
abschaffen, sondern nur das zerstören, was an industrieller Entwicklung immerhin erreicht wurde. Ihre Ideologie ist mit umgekehrtem
Vorzeichen ebenso blind-utopisch wie die kommunistische. Sie verspricht Reichtum für alle, erzeugt aber für die meisten nur Armut,
verspricht nationale Integration, erzeugt aber zugleich Desintegrati-
on, verspricht Liberalität, erzeugt aber ebenso neue Diktaturen.

Kosten des Sieges

Es gibt keine Vollendung der Geschichte, weil wir unsere Vergangenheit von Leiden und Schuld nicht loswerden. Auch die Vollendung
von Perioden der Geschichte trägt ihr Ende schon in sich, weil sie auf
Leiden und Schuld gebaut ist. Das ergibt für uns die konkrete Frage,
wie hoch denn die Kosten des neoliberalen Sieges waren.

Die Antwort fällt in bezug auf die westliche Führungsnation mit ihrer Hochrüstungspolitik nicht schwer. Von 1981 bis 1988 ist ihre
Staatsverschuldung auf das Dreifache gestiegen, »Ronald Reagans jähr-
liche Haushaltsdefizite waren größer als die jedes anderen Präsidenten
vor ihm, und die 2,6 Billionen Dollar Schulden, die er dem Land hin-
terließ, ließen alles verblassen, was dieses oder irgendein anderes Land
jemals an Schulden zu tragen hatte.«[8] Wenn man bedenkt, daß diese
Verschuldung über die Zinssteigerung zur Expansion des Weltfi-
nanzmarktes beigetragen hat, so wird ihre Tragweite bis heute deutlich. Mit ihrer gewaltigen Nachfrage nach Dollars trieben die USA
die Zinsen derart in die Höhe, daß nicht nur die reichen Industrienationen, sondern auch die armen Entwicklungsländer über ihren
Schuldendienst die Hochrüstung mit bezahlen mußten.

Was die menschlichen und ökologischen Kosten betrifft, so sprechen sowohl die Entwicklungs- als auch die Umweltpolitiker von den
80er Jahren als einem *verlorenen Jahrzehnt*. Die Belastungen schließlich, die auch die Mehrheit der Bevölkerung der Industrienationen
unter der neoliberalen Politik zu tragen hatte, mögen daran erkennbar werden, daß drei Viertel der amerikanischen Beschäftigten heute
19 Prozent weniger verdienen als in den 70er Jahren und daß selbst in
der Bundesrepublik, die nur eine halbe neoliberale Wende erlebte und
in den 80er Jahren Exportweltmeister wurde, die Reallöhne stagnier-
ten.

Politikverdrossenheit und Krise der Politik

Von daher wird die an sich paradoxe Tatsache begreiflich, daß der
neoliberale Sieg nach anfänglicher Erleichterung sehr bald zu verbrei-
teter Politikverdrossenheit führte. Die Masse der kleinen Leute im
Westen wie im Osten hatte eben nichts von diesem Sieg. Die Politikverdrossenheit folgt außerdem aus der Überforderung der Bürger wie
der Politiker durch die Umwälzung seit 1989 und ist eine Krise der
neoliberalen Politik. Hat sie nicht selber die Bürger der Idee des Ge-
meinwohls entfremdet, sie im Privatisierungsbestreben und in der
Mißachtung der öffentlichen Sphäre bestärkt? Kein Wunder also, daß
der Staat nun, da er angesichts neuer Herausforderungen plötzlich das

---

8 E. Figgie/G. J. Swanson: Bankrott '95 – Die Schuldenkatastrophe der USA, Frankfurt a. M. 1993, S. 70.

Engagement der Bürger braucht, nur noch als Zumutung empfunden wird.

Moralischer Anspruch an die Politik

Die moralisierende Kritik an den Politikern ist einerseits beängstigend, weil sie auf die mutwillige Zerstörung der Demokratie hinauslaufen kann, welche bekanntlich nicht auf moralischer Führung und Gefolgschaft, sondern auf der Unterscheidung von Moral und Politik beruht. Der unpolitische Bürger verlangt moralische Politiker! Wenn wir so weitermachen, werden wir uns eines Tages erstaunt in einer Ordnung wiederfinden, in der wir von moralisch sauberen Führern zu besseren Menschen erzogen werden.

Andererseits ist es verständlich, daß der Bürger in dieser Zeit der Verunsicherung moralische Klarheit will, ein Auseinanderfallen von Moral und Politik nicht ertragen kann. Ja, man kann aus dieser Tendenz sogar Hoffnung schöpfen, sofern sich in ihr das Bewußtsein meldet, daß die Demokratie mehr und etwas anderes ist als bloß ein System zur Sicherung des wirtschaftlichen Wachstums und daß sie sich jetzt in einer sehr viel härteren ökologischen und sozialen Weltsituation bewähren muß. Durchaus im Sinne der repräsentativen Demokratie lautet die Forderung des Volkes dann einfach: Wenigstens Ihr, die Ihr uns repräsentiert, solltet Euch dieser Situation entsprechend verhalten, wenn wir es auch (noch) nicht schaffen.

Neue Herausforderungen

Daß die Politik derart kritisch gesehen wird, ist jedenfalls ein Zeichen dafür, daß man von ihr mehr erwartet, als sie zur Zeit leistet. Daß sie zur Zeit so wenig leistet, hat aber seinen Grund in dem Machtverlust, den sie gegenüber der Ökonomie in der neoliberalen Ära erlitten hat und den sie sich somit – jedenfalls zum Teil – selber zuzuschreiben hat. Die allererste Herausforderung, vor der wir seit 1989 stehen, ist daher die einer *Erneuerung der Politik*. Wenn der Staat dazu da ist, die kleinen Leute vor der Willkür der großen zu schützen, und dies wieder ernstlich will, dann darf er auch erwarten, daß er von den kleinen Leuten wieder ernstgenommen und unterstützt wird.

Die Erneuerung der Politik muß nun allerdings auf der Ebene erfolgen, die mit der erreichten ökonomischen und zivilisatorischen

Einheit der Menschheit gegeben ist. Der Einfluß der Politik muß
wieder so weit reichen wie der der Ökonomie! Das heißt z.B.: Die
bewußte Regulierung der blinden Marktkräfte, die im nationalen
Rahmen lange Jahrzehnte gelungen ist, muß nun im internationalen
Rahmen angestrebt werden. Wenn es im Grunde kein »Draußen«
mehr gibt, so folgt, daß an die Stelle der zur Zeit immer noch laufen-
den, gleichsam künstlichen Rückkehr zu traditioneller Außenpolitik
eine Weltinnenpolitik treten muß. Wenn die bisherige Entwicklungspolitik in eine Sackgasse geraten ist und die Ausgrenzung großer Teile
der Menschheit nicht verhindern kann, so muß sie durch eine
Weltsozialpolitik ersetzt werden. Der fundamentalistischen Tendenz
zu kultureller Abschottung muß das Projekt Weltethos entgegenge-
setzt werden. Die Renaissance der traditionellen Außenpolitik, die
Resignation der Entwicklungspolitik, der Vormarsch des Fundamentalismus – das alles ist aber Ausdruck der Umweltkrise und romanti-
sche Reaktion auf jene ökonomische Vereinheitlichung und zivilisa-
torische Nivellierung. Gegen diese destruktive Zivilisationskritik gilt
es schließlich die Chancen einer konstruktiven Zivilisationskritik zu
nutzen, die das Barbarische unserer bisherigen Technik aufs Korn
nimmt und die Entdeckungs- und Erfindungsgabe der Menschen neu
mobilisiert, um zu umweltverträglicher Produktion zu kommen.

Diese Herausforderungen sind als solche so selbstverständlich, daß
der liberal-konservative Einwand dagegen immer nur lauten kann, das
alles sei praktisch nicht umsetzbar. Das Argument dagegen wiederum
kann nur sein: Wer gar nicht den Versuch dazu macht und von seiner
Tradition her auch nicht ernstlich machen kann, ist zu einem solchen
Urteil weder berechtigt noch überhaupt in der Lage. Die Herausforderungen von 1989 übersteigen den Horizont liberal-konservativen
Denkens. Deshalb wird dieses Jahr von ihm als das der Vollendung
der Geschichte gefeiert.

re Parteien neigen zur gegenseitigen Blockierung, also zu Immobilität und möglichst reibungsloser »Verwaltung«. Bedeutende und notwendige Reformen können auch ohne Große Koalition geschaffen werden, sofern inhaltliche Übereinstimmung erzielt werden kann; wenn nicht, blockiert man sich, wie derzeit zu sehen ist: Die inhaltlichen Unterschiede zwischen der Unionsmehrheit im Bundestag und der SPD-Mehrheit im Bundesrat sind schließlich nicht durch eine Große Koalition wegzuzaubern.

Wie wünschen Sie sich die künftige Berliner Republik? Welche Probleme müßten grundsätzlich anders gelöst werden?

Egon Bahr: Die Berliner Republik bedeutet keine »Stunde Null«; denn an der Spree gilt dieselbe Verfassung wie am Rhein. Da wie dort ist es wünschenswert, sich auf einige Grundsätze zu besinnen und politische Entscheidungen danach auszurichten· Demokratie lebt vom Engagement ihrer Bürgerinnen und Bürger. Dafür kann tödlich werden, wenn materieller Erfolg und Gewinn zum obersten Wert gemacht werden – für den einzelnen wie für Firmen – und der Zusammenhalt der Gesellschaft sich auflöst. Es ist an der Zeit, daß wir in Deutschland und im werdenden Europa die Sinnfrage stellen: Wofür leben wir – der Mensch für die Maschine oder die Wirtschaft für die Menschen?

Erfurter Erklärung
Bis hierher und nicht weiter

Verantwortung für die soziale Demokratie

> »Eigentum verpflichtet. Sein Gebrauch soll zu-
> gleich dem Wohle der Allgemeinheit dienen.«
> *Grundgesetz Artikel 14.2*

*1. Die regierende Politik in unserem formal vereinten Land ist in ei-
nem Zustand von gnadenloser Ungerechtigkeit, Sozialverschleiß und
fehlenden Perspektiven versunken.* Im fünften Jahrzehnt ihrer Existenz wird in der Bundesrepublik der soziale Konsens, auf dem ihr
Erfolg beruhte, durch radikale Umverteilung zugunsten der Einfluß-
Reichen zerstört. Der kalte Krieg gegen den Sozialstaat hinterläßt eine
andere Republik. Was von der Bundesregierung unter der Vorspiege-
lung von Reformen verfügt wird, erweist sich als geistig-moralischer
Bankrott.

Der Notstand ständig steigender Arbeitslosigkeit führt Staatshaus-
halte und Sozialversicherungssysteme in die Krise, und der öffentliche
Schuldendienst vermehrt den Reichtum der Banken und der Besitzer
großer Geldvermögen. So entsteht Macht, die nicht demokratisch legitimiert ist. Es handelt sich nicht um einen Konjunktureinbruch,
vielmehr stehen wir mitten in einem Epochenwechsel. In dieser Lage
müssen sich in unserem Land alle gesellschaftlichen Kräfte zusam-
menfinden, die bereit und imstande sind, die Verantwortung für die
soziale Demokratie mit der Bindung an ein soziales Europa zu übernehmen.

*2. Gerechtere Verteilung der Einkommen und Güter ist die zentrale
Aufgabe einer neuen Politik.* Die deutsche Einheit wird zum massiv-
sten Umverteilungsprozeß von unten nach oben seit Bestehen der
Bundesrepublik mißbraucht. Niemand unterschätze die Dramatik der
Lebenssituation in den ostdeutschen Ländern: Sehr viele neue Bun-
desbürger erleben, was gegenwärtig geschieht, als Enteignung ihrer

erworbenen Rechte und ihrer Hoffnung auf Freiheit, Gleichheit, Mitmenschlichkeit. Im Westen meinen viele, sie geben ihr Bestes dem Osten, dort meinen viele, man nimmt ihnen das Letzte. In Ost und West gemeinsam sehen sich jedoch Millionen Mitbürger durch immer schwerwiegendere Belastungen vor unlösbare Probleme gestellt.

3. *Wir brauchen eine andere Politik, also brauchen wir eine andere Regierung.* Wer sie will, muß aus der Zuschauerdemokratie heraustreten. Wir brauchen eine außerparlamentarische Bewegung. Sie muß auf die Opposition in den Parlamenten überspringen. Die Erfahrung von 1968 und der Geist von 1989 sind für 1998 aufgerufen, den Machtwechsel herbeizuführen. Resignation löst kein Problem. Sie richtet nur Schaden an.

Viele denken: Bis hierher und nicht weiter! Ihr Sammelpunkt ist der Wunsch nach Verwirklichung der sozialen Menschenrechte und die Verantwortung für die Bewahrung der natürlichen Lebensgrundlagen. Wir brauchen eine Regierung, die das Volk nicht als Gegner behandelt, dessen Widerspruch es zu brechen gilt.

4. *Wir brauchen eine andere Politik.* Oberstes Ziel muß das Überwinden der Massenarbeitslosigkeit sein. Es fehlen in der Bundesrepublik 6 bis 7 Millionen Arbeitsplätze. Die Gründe dafür liegen nicht im mangelnden Export. Auch nicht bei den Lohnstückkosten und angeblich überteuerten Sozialpflichten.

Sie liegen bei der enorm gestiegenen Produktivität, den rückläufigen Wachstumsraten und den versäumten Konsequenzen für die Arbeitszeit. Auch fehlt es an Binnennachfrage und vorausschauendem Management.

»Kapitalisten, hört die Signale!« überschrieb unlängst die »Züricher Weltwoche« einen Leitartikel, der fragte: Wer soll die Waren kaufen, wenn die Bevölkerung immer weniger verdient?

Die Schulden der einen sind die Gewinne der anderen: Jede Schuldenmilliarde der öffentlichen Hände macht Bund, Länder und Kommunen abhängiger von den Geldgebern. Kapital ist reichlich vorhanden: Neuneinhalb Tausend Milliarden Mark macht die Summe der persönlichen Vermögen in der Bundesrepublik aus. Die Hälfte davon gehört zehn Prozent der Haushalte. Zugleich wirken angekündigte Massenentlassungen wie Siegesmeldungen an der Börse. Sie treiben die Aktienkurse nach oben und machen die Aktionäre zu Profiteuren der sozialen Perspektivlosigkeit der Arbeitslosen.

Wer für die Benachteiligten nur noch den Zynismus »Sozialneid!« übrig hat, verhöhnt die Sozialpflicht des Eigentums nach dem Grundgesetz. Die herrschende Politik zerteilt die sozial begründete Republik. In ihrem Polarkreis erstarrt das Eintreten füreinander.

– Wenn Notstand an Arbeit herrscht, muß sie neu und gerecht verteilt werden: durch weitere radikale Verkürzung der Arbeitszeit bei angemessenem Lohnausgleich.

– Die Bekämpfung der Massenarbeitslosigkeit muß sich an dem Leitbild eines neuen Typs von Vollbeschäftigung für Männer und Frauen orientieren. Die Erwerbsarbeit der Zukunft muß stärker denn je auf gesellschaftlichen Nutzen und ökologische Nachhaltigkeit verpflichtet werden. Finanzierung von Arbeit statt Arbeitslosigkeit.

– Wir brauchen den Einstieg in eine ökologische Steuerreform, und wir brauchen Reformen des Sozialstaats, die den Namen verdienen: Die Systeme der sozialen Sicherung müssen armutssicherer gemacht werden.

– Der historisch-politische Auftrag des Grundgesetzes erfordert angesichts sich ausbreitender Massenarmut eine Stärkung der Prinzipien des Solidarausgleichs und der sozialen Mindestsicherung.

– Statt die »Zwänge« der deregulierten Güter- und Kapitalmärkte als Schicksal hinzunehmen, brauchen wir eine Regierung, die handelt: Sie muß in der Europäischen Union, der Welthandelsorganisation, gegenüber dem internationalen Währungsfonds und der Weltbank für sozialökologische und demokratische Rahmenbedingungen eintreten.

5. Wie ist das alles finanzierbar? Ein einziges Kriterium würde Entscheidendes ändern: Steuerehrlichkeit. Die Finanz- und Steuerpolitik muß ihren Kurs korrigieren. Geldtransfers, Gewinne, Groß-Erbschaften, Vermögen, Spekulationen mit Grund und Boden und Umweltzerstörung müssen spürbar stärker besteuert werden.

Durch einen gesetzlichen Ausgleich der Lasten zwischen West und Ost, Alt und Jung, Erben und Armen kann die Bundesrepublik um vieles humaner werden. Was in den fünfziger Jahren an Umverteilung gelang, sollte angesichts des Reichtums Hunderttausender und der Vermögen von Millionen nicht wiederholbar sein?

6. Gebraucht wird eine Opposition, die den Wechsel mit allen Kräften will. Sie kann nur aus den bisher getrennten Oppositionskräften entstehen. Kein Nichtberührungsgebot darf sie schrecken, zumal die amtierende Macht sich in eigener Sache keineswegs darum schert: Der Kanzler versichert Reformsozialisten in Osteuropa seiner Freundschaft. Im Inneren der Republik sind Reformsozialisten für ihn der böse Feind, obwohl seine Regierung 1990 und 1994 mit Kadern der vier früheren SED-Schwesterparteien die Mehrheit errang.

Allzu schnell hat sich die veröffentlichte Meinung darüber hinwegtäuschen lassen. Wir brauchen eine Regierung, die ohne inneres Feindbild regiert. Das Gut-Böse-Schema aus der Zeit der Systemkonfrontation kann das Vollenden der Einheit nicht leisten.

Von der SPD fordern wir: Mut zur Opposition auf ganzer Linie. Die Mehrheit der Bevölkerung traut ihr mehr Gerechtigkeit zu, aber noch nicht die Entschlossenheit zur Macht, sie auch zu verwirklichen. Die sozialdemokratische Mehrheit im Bundesrat überträgt ihr eine zwiespältige Rolle, weil nur zu oft der Eindruck einer großen Koalition entsteht. Die SPD muß ihrer Herkunft als Partei der sozialstaatlichen Reformen auf neue Weise gerecht werden; sie muß auch in nachhaltig veränderten Zeiten mehr Demokratie wagen.

Von Bündnis 90/Die Grünen fordern wir: Den begonnenen Weg der Überwindung ihrer »Ein-Punkt-Kompetenz« (Ökologie) fortzusetzen. Sie sollte auch Kontur als soziale Reformkraft gewinnen und den Eindruck widerlegen, sie wolle am Ende die FDP ersetzen. Wer von den Grünen diese Vorstellung absurd findet, wird die Mathematik der Mehrheit realistisch sehen. Es gilt, für eine parlamentarische Kraft neben der SPD, die in den ostdeutschen Ländern eindrucksvoll gewählt wird, offen zu sein.

Von der PDS fordern wir: Ihre Positionen zum historisch gescheiterten Sozialismusmodell weiter zu klären. Es geht nicht um Demutsgesten und den Verzicht auf antikapitalistische Strömungen. Es geht um demokratische Zuverlässigkeit bei aller Entschiedenheit, eine demokratisch-sozialistische Kraft im Spektrum der Parteien zu sein.

An alle drei Parteien: Sie dürfen der Verantwortung nicht ausweichen, sobald die Mehrheit für den Wechsel möglich wird. Lassen Sie niemand im Zweifel, wie schwierig es sein wird, Kompromisse einzugehen und dennoch die eigene Unverwechselbarkeit zu bewahren. Gleichzeitig die Kraft für neue Konzeptionen, Theorie und Vision aufzubringen, erfordert Toleranz in den eigenen Reihen.

7. *Wir brauchen eine andere Regierung.* Ein neuer gesellschaftlicher Aufbruch kann die Mehrheit in Bonn und für Berlin verändern. Parteiförmige Politik allein kann das Vertrauen der Bevölkerung in ihre Demokratie nicht mehr hinreichend begründen.

Unzählige sagen sich heute: Grundlegendes muß sich verändern. Und viele fragen sich: Wer soll das tun, wenn nicht wir, und wann, wenn nicht jetzt? Wir brauchen ein Bündnis für soziale Demokratie. Lassen wir uns an der Schwelle zum neuen Jahrtausend den Wert von Visionen nicht ausreden, und beginnen wir zu handeln.

Berlin/Erfurt, den 9. Januar 1997

Die Erstunterzeichnenden: Prof. Dr. Elmar Altvater; Frank Castorf, Intendant der Volksbühne Berlin; Daniela Dahn, Schriftstellerin; Prof. Dr. Ulrich Duchrow, Landeskirchlicher Beauftragter für Mission und Ökumene; Ulrike Duchrow, Studienrätin; Dr. Dr. Heino Falcke, Probst i.R.; Matthias Freitag, Bezirksvorsitzender der Eisenbahner-Gewerkschaft Thüringen und Sachsen; Prof. Heinrich Fink, Komitee für Gerechtigkeit; Dr. Hans-Jürgen Fischbeck, Physiker; Günter Grass, Schriftsteller; Max von der Grün, Schriftsteller; Stefan Heym, Schriftsteller; Prof. Dr. Rudolf Hickel; Prof. Dr. Walter Jens, Präsident der Akademie der schönen Künste; Dr. Inge Jens, Literaturwissenschaftlerin; Dieter Keip, Pfarrer; Toni Krahl, Rockmusiker; Dieter Lattmann, Schriftsteller; Dr. theol. Gerhard Liedke, Pfarrer; Marion Liedke, Oberstudienrätin; Heiko Lietz, Theologe; Prof. Dr. Peter von Oertzen; Prof. Dr. Norman Paech; Ulrich Plenzdorf, Schriftsteller; Bodo Ramelow, HBV-Vorsitzender Thüringen; Dr. Edelbert Richter, Theologe, MdB; Prof. Dr. Horst Eberhard Richter, Psychoananalytiker; Dr. Erika Runge, Schriftstellerin und Psychoanalytikerin; Herbert Schirmer, Kulturminister a.D.; Gisbert Schlemmer, Vorsitzender Gewerkschaft Holz und Kunststoff; Horst Schmitthenner, Geschäftsführendes Vorstandsmitglied IG Metall; Friedrich Schorlemmer, Theologe und Publizist; Prof. Dr. Dorothee Sölle; Frank Spieth, DGB-Vorsitzender Thüringen; Eckart Spoo, Journalist; Prof. Dr. Uwe Wesel; Gerhard Zwerenz, Schriftsteller, MdB.

Kontaktadresse: Erfurter Erklärung; c/o Kulturverein Mauernbrechen e.V.; Juri-Gagarin-Ring 150; 99084 Erfurt; Fax: 0361 6599899; Tel.: 0361 5961220; BfG Erfurt (BLZ 820 101 11); Konto-Nr. 137 14 22 700

Die Autorinnen und Autoren

Dr. Elmar Altvater, geb. 1938; Professor für Politikwissenschaft an der Freien Universität Berlin. Zahlreiche Veröffentlichungen u. a.: »Der Preis des Wohlstands oder Umweltplünderung und neue Welt(un)ordnung« (1992); »Die Zukunft des Marktes« (1991, 3. Aufl. 1997); »Grenzen der Globalisierung« (zus. mit B. Mahnkopf; 1996, 2. Aufl. 1997).

Egon Bahr, geb. 1922, Politiker (SPD), Journalist; 1969–1972 Staatssekretär im Bundeskanzleramt, entscheidend beteiligt an den Verhandlungen um den deutsch-sowjetischen Vertrag und den Grundvertrag; 1972–1974 Bundesminister für besondere Aufgaben, 1974–1976 für wirtschaftliche Zusammenarbeit; 1974–1976 Bundesgeschäftsführer der SPD; 1984–1994 Leiter des Instituts für Friedensforschung und Sicherheitspolitik in Hamburg.

Daniela Dahn, geb. 1949, Schriftstellerin; 1973–1981 Redakteurin beim Fernsehen der DDR, Kündigung und Rückzug aus der journalistischen Tätigkeit, seit 1982 freie Autorin in Berlin und Mecklenburg. Gründungsmitglied des »Demokratischen Aufbruchs«. Letzte Buchveröffentlichungen: »Wir bleiben hier oder Wem gehört der Osten« (1994); »Westwärts und nicht vergessen. Vom Unbehagen in der Einheit« (1996).

Dr. Dr. theol. Heino Falcke, geb. 1929, Probst i. R.; Studium der Theologie in Berlin, Göttingen und Basel, Ehrendoktor der Universität Bern, von 1952 bis 1994 Tätigkeiten in den evangelischen Kirchen der DDR als Pfarrer, Dozent, Direktor eines Predigerseminars und als evangelischer Probst zu Erfurt.

Dr. Hans-Jürgen Fischbeck, geb. 1938, Physiker, 1962–1991 Mitarbeiter des Zentralinstituts für Elektronenphysik der Akademie der Wissenschaften der DDR; 1977–1990 Mitglied der Synode der Evangelischen Kirche Berlin-Brandenburg, Bürgerrechtler, Mitbegründer der Bürgerbewegung »Demokratie Jetzt« und des Bündnis 90, 1991 Mitglied des Berliner Abgeordnetenhauses, seit 1992 Studienleiter an der Evangelischen Akademie Mühlheim/Ruhr.

Alexander Gaede, geb. 1926, Jurist, Honorarprofessor; 1960–1985 Leiter der niedersächsischen Naturschutzverwaltung; 1970–1980 Vorsitzender der LANA (Länderarbeitsgemeinschaft); 1968–1993 Lehrauftrag für Umwelt- und Planungsrecht an der Universität Hannover; 1960 Mitbegründer und 1991–1996 Vorsitzender, jetzt Ehrenvorsitzender des Landesverbandes Niedersachsen des BUND; 1975 Gründungsmitglied des BUND-Gesamtverbandes, 1991–1995 im Bundesvorstand.

Dr. jur. Rolf Gössner, geb. 1948, Rechtsanwalt, Publizist und parlamentarischer Berater (Bundestags- und Landtagsfraktionen Bündnis 90/Die Grünen, PDS, Bürgerrechtsgruppen). Seit über einem Vierteljahrhundert unter Beobachtung des »Verfassungsschutzes«. Autor zahlreicher Bücher zu Themen der »Inneren Sicherheit« (Polizei, Geheimdienste, Bürgerrechte und Datenschutz) und Politischen Justiz; neueste Buchpublikationen: »Die vergessenen Justizopfer des kalten Kriegs   Über den unterschiedlichen Umgang mit der deutschen Geschichte in Ost und West« (1994); »Mythos Sicherheit – Der hilflose Schrei nach dem starken Staat« (1995); »Polizei im Zwielicht – Gerät der Apparat außer Kontrolle?« (1996).

Günter Grass, geb. 1927, wurde nach seiner Ausbildung als Bildhauer und Grafiker freier Schriftsteller. Sein Werk gehört zur Weltliteratur. Günter Grass wurde mit zahlreichen internationalen Ehrungen ausgezeichnet.

Dr. Walter Jens, geb. 1923, Kritiker und Publizist, seit 1956 Professor für Klassische Philologie, 1963–1983 für allgemeine Rhetorik in Tübingen, Mitglied der Gruppe 47. Neben Fachveröffentlichungen vielseitige schriftstellerische Tätigkeit. Romane: »Nein. Die Welt der Angeklagten« (1950); »Herr Meister. Dialog über einen Roman« (1963). Hörspiele; Fernsehspiel: »Der tödliche Schlag« (1975); Übersetzungen: Sophokles; Matthäus-Evangelium (»Am Anfang der Stall – am Ende der Galgen«, 1972); Markus-Evangelium (»Die Zeit ist erfüllt. Die Stunde ist da«, 1986). Das Drama »Die Friedensfrau« (1986) stellt Bezüge zur Friedensbewegung her.

Dieter Lattmann, geb. 1926, Schriftsteller; 1969–1974 Vorsitzender des Verbands deutscher Schriftsteller, 1972–1980 MdB (SPD); Romane: »Ein Mann mit Familie« (1962); »Schachpartie« (1968); »Die Brüder« (1985); »Die verwerfliche Alte« (1991); »Jonas vor Potsdam« (1995); Hörspiele; Tagebuch einer Weltreise: »Mit einem deutschen

Paß« (1964); Sachbücher: »Die Einsamkeit des Politikers« (1977);
»Die Lieblose Republik (1981); »Deutsch-deutsche Brennpunkte«
(1990). Gegenwärtig Arbeit an einem Romanprojekt über Sucht.

Dr. med. Hans-Joachim Maaz, geb. 1943, Psychotherapeut, Psychoana-
lytiker und Publizist; seit 1980 Chefarzt der Klinik für Psychothe-
rapie und Psychosomatik im Diakoniewerk Halle, seit 1993 Erster
Vorsitzender der Deutschen Gesellschaft für analytische Psycho-
therapie und Tiefenpsychologie und des Mitteldeutschen Instituts
für Psychoanalyse Halle e. V. Publikationen zu den psychosozialen
Folgen des »real existierenden« Sozialismus in der DDR, der Wende und des deutschen Vereinigungsprozesses: »Der Gefühlsstau«
(1990); »Das gestürzte Volk« (1991); »Die Einigkeit beginnt zu
zweit« (mit M. L. Möller; 1991); »Die Entrüstung« (1992).

Margret Mönig-Raane, geb. 1948, Erste Vorsitzende der Gewerkschaft
Handel, Banken, Versicherungen. Nach Studium an der Fachhoch-
schule Frankfurt a. M. Tätigkeit beim Berufsfortbildungswerk des
DGB, dort Betriebsratsmitglied; seit 1980 hauptamtlich bei der
Gewerkschaft HBV, seit 1987 im Geschäftsführenden Vorstand.

Dr. Peter von Oertzen, geb. 1924, seit 1963 Professor an der Universität Hannover, 1970–1974 niedersächsischer Kultusminister, jahrzehntelang Funktionen in der SPD, u. a. als Landesvorsitzender des
Landesausschusses Niedersachsen und als Mitglied des Parteivor-
stands.

Dr. Norman Paech, geb. 1938, Professor für öffentliches Recht an der
Hochschule für Wirtschaft und Politik in Hamburg.

Bodo Ramelow, geb. 1956, Kaufmann, Landesvorsitzender der Gewerkschaft Handel, Banken und Versicherungen Thüringen; Ju-
gendvertreter, Betriebsrat, Ausbilder, Filialleiter, 1981–1990 HBV-
Sekretär Mittelhessen, Aufsichtsratsvorsitzender der Konsumge-
nossenschaft Nord- und Ostthüringen sowie der Wohnungsbauge-
nossenschaft Zukunft Erfurt, Mitinitiator der »Fünf-vor-zwölf-
Aktion« und Vermittler im Kaliwerk Bischofferode.

Dr. Edelbert Richter, geb. 1943, Theologe und Politiker, MdB (SPD);
vor der Wende Dozent an der Predigerschule in Erfurt, 1977–1989
Engagement in regimekritischen Gruppen und in der Friedens-
und Ökologiebewegung; 1989 Mitbegründer des »Demokratischen
Aufbruchs«, Januar 1990 Übertritt in die SPD, Mitglied der letzten
Volkskammer der DDR, 1991–1994 Abgeordneter im Europäischen Parlament, seit 1994 Mitglied des Deutschen Bundestags, seit

1991 Mitglied der Grundwertekommission beim Parteivorstand der SPD. Veröffentlichungen: »Zweierlei Land – Eine Lektion. Konsequenzen aus der deutschen Misere« (1989); »Christentum und Demokratie in Deutschland. Beiträge zur geistigen Vorbereitung der Wende in der DDR« (1991); »Erlangte Einheit – verfehlte Identität. Auf der Suche nach den Grundlagen für eine neue deutsche Politik« (1991); »Wendezeiten. Das Ende der konservativen Ära« (1994).

Claudia Roth, geb. 1955, Dramaturgin, MdEP (Bündnis 90/Die Grünen); über das Landestheater Schwaben (Memmingen), die städtische Bühnen Dortmund, das Hoffmanns-Comic-Theater kam sie zur Polit-Rock-Band »Ton Steine Scherben«; 1985 wurde sie als »Quereinsteigerin« Pressesprecherin der Grünen im Bundestag; 1989–1990 stellvertretende Fraktionsvorsitzende der Grünen im Europaparlament, 1994 als Spitzenkandidatin von Bündnis 90/Die Grünen erneut ins Europaparlament gewählt, dort seitdem Fraktionsvorsitzende der Grünen.

Gisbert Schlemmer, geb. 1946, Diplomsoziologe; Vorsitzender der Gewerkschaft Holz und Kunststoff.

Horst Schmitthenner, geb. 1941, seit 1989 geschäftsführendes Vorstandsmitglied IG Metall, zuständig für den Bereich Sozialpolitik.

Friedrich Schorlemmer, geb. 1944, Theologe, Politiker und Publizist; 1962–67 Studium der Theologie in Halle, Vikar in Halle-Neustadt, 1967–71 Studieninspektor in den Frankeschen Stiftungen, 1971–78 Jugend- und Studentenpfarrer in Merseburg, 1978–92 Dozent am Evangelischen Predigerseminar und Prediger an der Schloßkirche in Wittenberg; seit 1992 Studienleiter an der Evangelischen Akademie Sachsen-Anhalt in der Lutherstadt Wittenberg; seit 1991 im P.E.N.-Zentrum Bundesrepublik Deutschland, seit 1995 Doppelmitglied im P.E.N. Ost; 1989 Carl-von-Ossietzky-Medaille der Internationalen Liga für Menschenrechte, 1993 Friedenspreis des Deutschen Buchhandels. Publikationen u.a.: »Träume und Alpträume 1982–1990« (1990); »Worte öffnen Fäuste. Die Rückkehr in ein schwieriges Vaterland« (1992); »Zu seinem Wort stehen« (1994); »Selig sind die Verlierer« (1996); »Eisige Zeiten. Ein Pamphlet« (1996).

Eckart Spoo, geb. 1936, Journalist; Herausgeber zeitgeschichtlicher und medienkritischer Bücher, u.a.: »Fetisch Eigentum« (1972); »Unser Faschismus nebenan« (mit G. Walraff; 1975); »Kohl-Zeit –

Ein Kanzler und sein Deutschland« (1991); »Was aus Deutschland
werden sollte. Konzepte des Widerstands, des Exils und der Alliierten« (mit R. Kühnl; 1995); »Weltmacht Deutschland?« (mit D.
Heimann u. a.; 1996); »Geld ist genug da – Reichtum in Deutschland« (mit H. Schui; 1996); »Wirtschaftskriminalität – Kriminelle
Wirtschaft« (mit H. See; 1997); »Wirtschaft von unten – Selbsthilfe
und Kooperation« (mit F. Heckmann; 1997).

Gerhard Zwerenz, geb. 1925, Schriftsteller, MdB (PDS); erste Veröffentlichungen in der DDR, seit 1957 in der Bundesrepublik
Deutschland. Essayistische Prosa: »Ärgernisse. Von der Maas bis an
die Memel« (1961); »Casanova oder der kleine Herr in Krieg und
Frieden« (1966); »Die Lust am Sozialismus« (1969); »Bericht aus
dem Landesinneren. City, Strecke, Siedlung« (1983); »Der langsame
Tod des Rainer Werner Fassbinder« (1983); »Soldaten sind Mör-
der« (1988); Romane: »Die Erde ist unbewohnbar wie der Mond«
(1973); »Die Quadriga des Mischa Wolf« (1975); »Der Mann und
das Mädchen (1980); »Der Bunker« (1983); Gedichte: »Gesänge auf
dem Markt« (1962); »Die Venusharfe« (1985); Autobiographie:
»Der Widerspruch« (1974).

Quellennachweis

Das Interview mit *Egon Bahr* führte Norman Paech. Formulierungen aus einem früheren Interview des »Neuen Deutschland« vom 4.4.1997 mit Bahr
flossen ein.

Auszüge aus der Rede von *Günter Grass* am 23. Februar 1997 im Dresdner
Schauspielhaus. Der Text ist vollständig abgedruckt in: Günter Grass: Rede über den Standort, Göttingen: Steidl Verlag 1997.

Das Interview der »Süddeutschen Zeitung« mit *Walter Jens,* geführt von Eve-
lyn Roll, erschien am 15.1.1997 unter dem Titel: »Jesus Christus ist auch
für Kommunisten gestorben«.

Der Beitrag von *Friedrich Schorlemmer* ist eine erweiterte Fassung aus: Eisige
Zeiten. Ein Pamphlet, München: Blessing Verlag 1996, S. 97–99.

Hans See/Eckart Spoo (Hg.)
Wirtschaftskriminalität
Kriminelle Wirtschaft
263 Seiten, DM 34,–
ISBN 3-929348-16-0

Mit Beiträgen von:

Eberhard Czichon
Erich Diefenbacher
Jutta Ditfurth
Rolf Gössner
Anton Andreas Guha
Jörg Heimbrecht
Otto Köhler
Reinhard Kühnl
Fred Schmid
Herbert Schui
Rainer Roth
Rolf Uesseler u. a.

Friedrich Heckmann/
Eckart Spoo (Hg.)
Wirtschaft von unten
Selbsthilfe und Kooperation
224 Seiten, DM 29,80
ISBN 3-929348-19-5

Mit Beiträgen von:

Ursel Becher
Karl Birkhölzer
Klaus Böhme
Michael Buckmiller
Micha Brumlik
Dietrich Haensch
Robert Kurz
Doris Meißner
Oskar Negt
Hans See u. a.

DISTEL VERLAG · Sonnengasse 11 · 74072 Heilbronn · Fax: 07131 982157

Wolfgang Abendroth
Einführung in die Geschichte
der Arbeiterbewegung
Von den Anfängen bis 1933
287 Seiten, DM 36,-

Rainer Butenschön / Eckart Spoo (Hg.)
Wozu muß einer der Bluthund sein?
Der Mehrheitssozialdemokrat Gustav
Noske und der deutsche Militarismus des
20. Jahrhunderts
95 Seiten, DM 18,00

Daniela Dahn / Dieter Lattmann /
Norman Paech / Eckart Spoo (Hg.)
Eigentum verpflichtet
Die Erfurter Erklärung
182 Seiten, DM 19,80

Frank Deppe u. a. (Hg.)
Antifaschismus
618 Seiten, DM 42,-

Georg Fülberth
KPD und DKP 1945-1990
215 Seiten, DM 24,80

Eva Gottschaldt
Antifaschismus und Widerstand
1933-1945
189 Seiten, DM 10,-

Friedrich Heckmann /
Eckart Spoo (Hg.)
Wirtschaft von unten
Selbsthilfe und Kooperation
223 Seiten, DM 29,80

Werner Hofmann
Was ist Stalinismus?
115 Seiten, DM 12,80

Werner Hofmann
Industriesoziologie
250 Seiten, DM 19,80

Jörg Huffschmid
Wem gehört Europa?
Wirtschaftspolitik und Kapital-
strategien
Bd. 1: Wirtschaftspolitik in der EG
189 Seiten, DM 28,80
Bd. 2: Kapitalstrategien in Europa
245 Seiten, DM 32,80

Johannes Klotz (Hg.)
Zwangsvereinigung?
Zur Debatte über den Zusammenschluß
von SPD und KPD 1946 in Ostdeutschland. Positionen, Dokumente, Bilanz
127 Seiten, DM 20,-

Reinhard Kühnl
Der Faschismus
199 Seiten, DM 26,-

Reinhard Kühnl
Faschismustheorien
364 Seiten, DM 29,80

Reinhard Kühnl
Die Weimarer Republik
287 Seiten, DM 36,80

Reinhard Kühnl
Deutschland seit der
Französischen Revolution
255 Seiten, DM 32,-

Reinhard Kühnl u. a. (Hg.)
Antisemitismus
190 Seiten, DM 26,80

Reinhard Kühnl / Eckart Spoo (Hg.)
Was aus Deutschland werden sollte
Konzepte des Widerstands, des Exils und
der Alliierten
239 Seiten, DM 29,80

Herbert Schui
Ökonomische Grundprobleme
des entwickelten Kapitalismus
111 Seiten, DM 14,80

Herbert Schui / Eckart Spoo (Hg.)
Geld ist genug da
Reichtum in Deutschland
247 Seiten, DM 28,-

Hans See / Eckart Spoo (Hg.)
Wirtschaftskriminalität – Kriminelle
Wirtschaft
263 Seiten, DM 34,00

Anna Vollmann / Werner Zahn
Kuba
Vom »Modell« zurück zum »Hinterhof«?
143 Seiten, DM 22,-